KB230739

연금기금의 전략적 자산배분

연금기금의 전략적 자산배분

원 종 현 著

한국학술정보(주)

|서 문|

"자산배분(Asset Allocation)"이라는 용어는 기금운용의 의사결정의 주요문제로 일상화된 지 오래이다. 실무적으로도 자산의 운용에 기본전략을 마련하는 데 그 기초가 되고 있다. 필자 역시 현직에서, 공적기금의 자산배분을 마련하는 입장에서 기존의 평균-분산모형으로 대표되는 모형을 중심으로 한 자산배분 정책을 제시하고 있으며 이에 더 나아가 모형의 한계성을 극복하기 위한 많은 시도를 하였다. 특히 기존 모형에서는 적용하기 어려운 자산배분 전략을 마련하는 담당자의 장기적 관점을 기금의 운용정책에 어떻게 반영하느냐는 것이 현실적인 주요 관건이었다.

본서는 기존 모형이 가지는 한계를 극복하고자 하는 여러 시도 중 몇 가지를 추려 본 것으로서 장기적 관점에서 기금을 운용하는 데 고려되는 많은 위험요소와 환경 요소를 반영해 보고 기금의 운용목표를 어떻게 설정하는가를 보이고자 한 것이다.

본서에는 많은 수식이 나오며, 수식의 전개 역시 그리 간단하지 않음을 고백한다. 그러나 이야기의 중심은 수식이 아니라 자산배분에 영향을 미치는 여러 요소들이 고정되지 않은 확률 값을 가질 때 운용자는 어떠한 입장을 취하게 되는가를 고민한다면 수식의 나열은 넘어가도 될 것으로 판단하며 이해를 구한다.

자산배분이라는 커다란 명제하에서 운용자는 여러 의사결정 변수가 있음을 인식하게 될 것이다. 본서에서는 여러 의사결정 변수 중 기금의 부채에 대한 인식, 인플레이션에 대한 고려, 그리고 시장의 위험과 신용위험 등을 포함시켜 보았다. 개인적으로는 연구보고서가 아닌 출판물로서 첫 산출물이다 보니 많은 면에서 미숙함이 보일 것이라 생각한다. 모든 것은 필자의 책임이다. 그렇지만 이러한 모형에 독자가 다른 여러 위험들을 상정하고 포함시켜 발전시키는 데 조금이나마 도움이 된다면 필자의 역할은 다한 것이라 생각한다.

그렇지만 아직까지 본서에서 제시된 방법론이 실제 운용전략에 적용되기 위해서는 많은 검증절차와 실천방안이 마련되어야 할 것이다. 이러한 실무에 직접 적용할 수 있는 실제적인 방안은 앞으로 필자가 수행하고자 하는 과제이며, 이러한 방안들이 결과물로 독자들에게 제시될 날이 가급적 빨리 오기를 희망한다.

본서를 준비되기까지 도움을 주신 분들을 나열하자면 끝이 없을 것 같다. 그중 이렇게 본서가 세상에 나오도록 지원해 주신 한국학술정보 (주) 관계자 분들과 항상 굼뜬 저자의 행동에도 여유를 가지고 늘 기다려 주신 이명란 님께 깊은 감사를 드린다. 또한 본서를 준비하는 과정에서 금융공학에 대한 기본과 연구의 자세를 모범으로 보여주신 김명직 교수님께는 감사한다는 말로도 많은 부족함이 느껴진다.

그리고 본서의 탄생으로 늘 옆에서 지켜봐 주는 soul mate 리샤와 두 개구쟁이 재연, 성연에게 조그마한 기쁨이 된다면 더 이상 바랄 것이 없을 것이다.

2007년 3월

원종현

|차 례|

Ⅰ. 서 론 ·· 9
  1. 문제의 제기 ·· 10
  2. 관련 연구 및 논문의 목적 ································· 14

Ⅱ. 시장, 신용리스크를 반영한 자산배분 과정의 모색 ············ 25
  1. 기본 개념 ·· 26
    1) 위험요소에 대한 기간구조 설정 ···················· 27
    2) 효용함수의 구성 및 최적화 조건 설정 ············ 36
  2. 장기투자자의 최적 자산배분 (안) ···················· 44
    1) 투자자의 위험기피도와 투자 기간에 대한 자산별 비중 ·········· 44
    2) 투자 기간에 비례한 주식보유 비중 감소 고찰 ················ 48
  3. 회사채의 개입 여부에 따른 주식보유 비중의 변화 ··············· 50
  4. 각 자산 간 상관관계의 변화에 따른 주식보유 비중 변화 ············ 54

Ⅲ. 인플레이션 위험을 고려한 자산배분 ······························· 59
  1. 인플레이션 위험을 반영한 최적화 모형 ······················· 62
    1) 모형의 구성 ·· 62
    2) 인플레이션 위험을 반영한 최적 자산배분 ·············· 66
    3) 인플레이션을 고려한 자산별 비중 실증 분석 ············ 69
  2. 각 자산별 최적 배분 비중 ································· 70

1) 투자만기에 따르는 자산별 최적 자산 비중 ·························· 70

2) 최적 자산배분 요인별 구성 ································· 72

3) 만기구조에 따르는 주식수요의 변화 ···················· 76

3. 인플레이션 위험을 반영한 자산배분 요인 ···················· 78

4. 투자만기별 주식보유 비중 변화에 대한 소결 ·················· 80

Ⅳ. 연금부채 부문을 고려한 자산배분안 ···················· 83

1. 부채의 정의 및 측정 ································· 87

2. 완전 부채를 감안한 자산배분 ························ 88

3. 부문 부채를 고려한 연금기금의 자산배분 ·············· 94

4. 시점 간 대체탄력성 반영 ·························· 104

5. 시점 간 대체탄력성과 부채를 동시에 고려한 자산배분안 ············· 110

Ⅴ. 결 론 ···························· 121

참고문헌 ································· 128

부   록 ································· 138

|수식 기호|

S : log화된 주식가격

r : 채권이자율 (무위험 이자율)

n^*_i : i 자산의 최적 투자 비중

δ : 신용스프레드

γ : 위험기피도

η : 주식 혹은 채권의 배당률 (전통적인 Black and Scholes 모델에서 언급되는 배당률)

w_i : i 자산과 관련된 위험인자의 Wiener process

W : 투자자의 부(富)

σ_i : i 자산과 관련된 위험인자의 변동성

$\rho_{i,j}$: i 자산과 j 자산과 관련된 위험인자의 상관관계

$\varkappa_i$: i 자산의 평균 회귀 속도

k : 연금제도에서 기금 운용에 책임지는 비율

A : 연금 자산

L : 연금부채

F : Fund ratio

θ : 장기 이자율 수준

π : 기대 인플레이션

Φ_t : t기의 물가수준

x_t : t기의 초과수익률 ($S_t - r_t$)

λ_i : j 자산과 관련된 위험인자의 시장 가격

μ_{Pt} : t기의 위험자산의 리스크 프리미엄

I. 서 론

Ⅰ. 서 론

1. 문제의 제기

'어느 자산을 선택해서 각 자산에 어느 정도의 자금을 투입할지를 결정하고, 그 배분비율을 어떻게 유지, 변경해가야 하는지'를 결정하는 것이 기금의 운용에서 가장 중요한 의사결정 사항일 것이다[1]. 자산을 배분한다는 의미의 'Asset Allocation'이라는 용어는 기금 운용의 의사결정의 주요 문제로 일상화된 지 오래이다. 현재 실무적으로 자산배분정책의 기본 개념은 마코비츠의 '포트폴리오 선택론'에 그 기반을 두고 있다. 기본적으로 위험(리스크)-수익 간의 적절자산배분을 통한 최적 자산선택을 이룬다는 것을 근간으로 한다. 마코비츠는(1952) 각 투자 자산들의 기대수익 및 위험의 계량화와 기대수익률 간의 상관관계를 고려한 분산투자의 효과를 주장하면서 각 자산들의 조합으로 구성될 수 있는 포트폴리오들을 위험과 기대수익의 평면에 도시하였다. 그리고 이 평면상의 점들 중에서 가장 효율적인 점들로 구성된 효율적 경계선(efficient frontier)을 구분한 것이다. 과거 50여 년간

---

1) 정문경, 원종현(2005)의 연구에 의하면 국내 펀드의 수익률에 전략적 자산배분이 미치는 설명력은 평균적으로 94%에 이르며 장기연기금 투자를 지향하는 국민연금기금의 경우 측정 방식에 따라 90.4%~98%에 이름을 보이고 있다.

이러한 평균－분산(Mean-Variance) 분석에 의한 방법은 꾸준하게 발전되어 현대 포트폴리오 선택이론의 기본 패러다임을 구축하였다. 그렇지만 연금기금의 전략적 자산배분을 수행하기 위해서는 평균 분산모형으로는 한계를 가지는 몇 가지 사항이 존재한다.

첫 번째로 운용대상이 되는 자산들은 수익률과 리스크로 대표되는 불확실성에서 서로 차이가 존재한다. 자산의 운용의 목적은 자산별로 성격이 서로 다른 복수의 자산들을 운용해서 허용할 수 있는 리스크 범위 내에서 얼마나 높은 운용수익률을 올릴 수 있는가 혹은 목표수익률을 달성하기 위해 위험을 얼마나 최소화하는가에 있다. 수익률이 높은 자산은 불확실성이 높고 불확실성이 낮은 자산은 수익률이 낮다는 특성으로 적정 위험하에서 최적의 수익률을 올릴 수 있는 조합을 구성하게 된다. 이 경우 리스크로 간주되는 것이 가격의 변동성인데, 과연 가격의 현시적인 변동성이 위험을 대표하는가에 대한 의문이 제기된다. 즉 리스크란 무엇인가에 대한 정의가 확실하게 필요하다.

두 번째, Mean-Variance 방법은 모든 투자자에 대하여 단일기간 동안만의 보유자산에 대한 수익－위험관계를 대상으로 한다. 이 경우 연기금과 같이 장기를 투자대상으로 하는 기관투자자나 혹은 장기의 소비－지출 흐름에 대한 전망을 가지는 개인의 적절한 투자배분에 대한 왜곡을 발생하게 될 수 있다.

현금자산에 대하여 예를 든다면, 단기투자자의 경우 이는 무위험－무수익의 자산으로 인식될 수 있을 것이나 장기투자자의 관점에서는 인플레이션에 따른 위험을 동반하는 자산으로 인식되는 것과 같이 기본적으로 단기투자와 장기투자 간의 최적 포트폴리오 선택의 문제는 매우 다른 관점에서 시작되어야 한다.

세 번째로는 현재 제안되는 자산선택 모형은 모든 모수가 시간에 대해 독립적이라는 것을 기본 전제로 한다. 주식 부문에 대한 연구에 있어서 주식의 수익률에 대한 변동성은 시간에 따라 가변적이라는 사실은 많은 연구를 통해 실증적으로 입증되어 왔다. 특히 Campbell과 Viceira(2002)는 시점 간 헤지가 미국 주식 프리미엄과 이자율 모두에서 관측되는 예측 가능한 변동성이라는 측면에서 질적으로 중요하다는 것을 발견하였다.

네 번째로는 연금기금은 자체의 특성상 운용자금에 대응되는 가입자에 대한 향후 급여지급액을 부채로서 고려하고 있다. 민간 연금기금(특히 DC 연금)에서는 지급해야 할 부채를 감안한 자산-부채모형의 틀을 갖추어 부채와 만기를 일치시키는 방법을 강구하는 등 연금자산운용에 많은 영향을 끼친다. 반면 DB방식의 연금이나 공적연금의 경우 현실적으로 자산을 운용하면서 부채를 청산할 만큼의 자산을 보유하지 못하고 있다(under-funded). 이 경우 자산운용의 전략은 기본적으로 운용자산의 효용 혹은 수익의 극대화를 목적으로 하는 운용(asset-only)이 되어 장기적 관점에서 지급될 급여를 청산할 수 있는 방안이 마련되지 못한다. 그러므로 공적연금 특히 한국의 국민연금과 같이 국가주도의 사회보장체계를 포함한 연금의 경우 운용자산이 연금부채를 완전하게 커버하지 못하는 경우 목표수익률과 이에 따른 자산배분의 의사결정이 왜곡되어 적용될 수 있다.

　본 연구에서는 장기투자자의 입장에서 '리스크'에 대한 태도를 선택변수로 하여 최적 포트폴리오를 구성해 보고자 한다. 국내 연기금의 경우를 예로 든다면 현재 자산배분계획을 수립할 때 마코비츠의 자산선택 이론에 근거한 최적 자산배분안을 도출하여 제시하고 있다. 금융부문의 자산군을 국내주식, 해외주식, 국내채권, 해외채권, 대체투자로 분류하고 정해진 허용위험 (Shortfall risk) 내에서 각각의 자산군에 대하여 평균－분산모형을 사용하여 최적안을 도출하고 있다. 이를 위하여 5개 자산군 중 국내주식, 국내채권에 대하여 국내외 각 기관투자가들이 예측하고 있는 2005년도의 기대수익률의 평균값을 기초로 기대수익률을 설정한다. 대체투자의 경우 전년도와 동일한 것으로 보고 기대수익률을 설정한다. 한편 각 자산군의 위험은 과거 수익률들의 시계열로부터 통계적으로 추정하고 있다. 이를 통해 산출된 기대수익과 위험은 평균－분산모형의 입력 자료로 이용된다. 즉 연금운용에서의 최적 포트폴리오는 기금의 허용위험한도를 고려한 경계선상의 특정한 포트폴리오를 제안하는 것이다.

　그러나 이 방법을 적용할 경우 주식－채권으로 이분된 자산배분에 있어서 채권에 내재되어 있는 위험(금리 리스크, 신용리스크)에 대한 사항을 제대로 반영하는지에 대한 의문이 생긴다. 물론 각 위험인자의 변동이 궁극적으로는 가격의 변동으로 나타나는 것이라 하겠으나, 현시적인 가격변동을 위험의 기준으로 삼기에는 내재되어 있는 금리위험 및 신용위험 등이 과소평가 될 수 있다. 이로 인하여 상대적으로 주식에 비하여 채권에 내재된 위험이 과소평가됨으로써 채권자산에 대한 과대배분이 될 우려가 있다고 생각한다.

특히 채권의 경우 위험을 판단하는 데 현시적인 가격의 변동성에 대한 중요성보다는 이자율로 인한 채권가치의 변동 및 신용리스크 측면에 대한 리스크관리의 중요성이 더욱 중요하다. 그러므로 이를 자산배분에 반영할 수 있도록 한다면, 보다 효율적 자산배분이 될 것이라 생각한다. 또한 장기투자자의 입장에서의 거시변수에 대한 위험, 예를 들어 인플레이션 위험 등과 같은 요소를 반영하고 연금기금의 제도적 문제를 모델에 포함시킴으로써 보다 현실적인 연금기금의 특성을 가지는 전략적 자산배분안이 제시될 수 있을 것이라 기대한다.

2. 관련 연구 및 연구의 목적

포트폴리오 선택이론에 대한 연구는 1950년대 초반 마코비츠에 의해 수리적인 분석이 본격 시작된 이래 현대 재무경제학 분야의 한 영역을 차지하고 있다. 그는 평균 분산모형이 투자자의 행동에 대해서 매우 잘 설명할 수 있으며 투자행위에 대하여 최적의 가이드를 할 수 있는 이론으로 여겼다. 그의 평균 분산모형은 사실 포트폴리오 선택의 핵을 이룰 만큼 중요한 틀을 제공하였다. 이 이론은 현재에도 많은 운용실무자나 재무관련연구자들에 의해 최적화를 위한 프로그램을 개발할 수 있는 이론적 바탕을 제공하고 있다. 이러한 실무적인 성공에도 불구하고 이 이론은 부에 대한 자산배분이 한 기간만을 고려하고 있다는 결정적인 약점을 가진다. 한 기간 동안의 투자에 한정된 모형은 장기투자자들이 단기투자자에 비해 주식투자 비중을 높이고 있는 상황을 설명하지 못한다.

사실 장기 포트폴리오 선택의 문제에 대한 필요성은 수년이 지난 후에서야 대두되었다. 장기 포트폴리오 선택의 이론적인 기틀은 1960년대 후반 Samuelson과 Merton(1969)에 의해 선구적으로 연구되었다. 이후 Rubinstein, Stiglitz, Breeden 등에 의해 70년대로 연결되면서 장기투자자에 대한 연구가 활발하게 진행되었다. 그렇지만 초기의 최적 자산선택 이론은 일정한 가정들하에서 위험자산과 무위험자산 간 구성 비율이 일생 동안 일정하게 유지되어야 함을 보여 기존의 자산배분 전략과 큰 차별성을 나타내지 못하였다. 이러한 결과는 다음의 네 가지의 가정에서 얻어진 것들이다. 첫째는 개별자산의 수익률이 독립적이고 시간에 따라 분포를 가지는 확률과정을 따른다. 둘째 투자자의 효용함수가 일정한 위험기피도를 가지는 함수형태이며, 셋째 시장이 완전하다는 것을 기본 가정으로 삼는다. 이에 따라 Samuelson(1969)는 투자기회가 시간에 대해 일정할 때 멱효용함수(power utility)를 가지는 투자자의 투자 기한은 최적 자산배분에 영향을 주지 않는다는 결론을 증명하였다. 즉 특별한 예측변수가 없을 때 표준모델에서의 각 자산별 비중을 그대로 유지한다는 것으로서 장기투자자의 최적 포트폴리오 선택문제에서 조건이 단기투자자의 것과 다르지 않음을 유추해낸 것이다. 이는 기본적으로 장기라 하여도 투자기회조합이 시간에 대해 일정하다는 조건을 전재로 한 것으로서 조건부 전체 기간 동안 자산배분은 동일하며 이에 대한 일시적인 헤징 수요만이 존재하기에 장기투자자일수록 주식투자 비중을 높게 가져가는 것에 대해서는 설명을 하지 못하는 소위 'Asset Allocation Puzzle'로 남겨놓았다. 이후 이에 대한 puzzle의 설명을 위한 많은 연구들이 진행되었다.

특히 Canner, Mankiw, Weil(1997)은 위험기피도가 높아질수록 채권 – 주식 비율이 높아져가는 현상을 설명하면서 표준적인 평균 – 분산모형에서는 채권 대 주식의 비율이 모든 투자자에게 동일한 경우에서 Merton(1971)에 이르러 동적 포트폴리오 선택이론의 기초가 수립되었다. 그는 자산수익률의 평균과 분산은 경제여건에 따라 변화되는 것으로서 평균 – 분산모형에 대해 후생효과를 제한함으로써 변동성을 헤지 할 수 있는 모형으로 수정하였다. Merton에 의하면 장기투자자는 투자기회조합하에서 이자율이나 초과수익, 혹은 분산 등과 같은 확률적 변수에 대한 헤지를 하기 위한 노력을 한다고 가정하였다. 대학기부금에 대한 최적 자산배분안의 마련을 위해 투자대상을 위험자산과 무위험자산으로 구분하여 투자자가 무위험자산을 위험자산에 추가하여 보유함으로써 전체 자산의 안정성을 유지한다는 것을 보였다. 이에 따라 Merton은 두 자산 간의 비율을 나타낼 때 평균 – 분산모형의 자산배분에 헤징 포트폴리오를 포함시켰다. 포트폴리오에 대한 비선형 편미분 방정식을 '닫힌 해(closed-form)'로 해결할 수 있는 실마리를 연금기금 운용자와 같은 장기투자자에게 제공함으로써 자산배분모형 구축의 큰 걸음을 내딛게 되었다. 그러나 그의 모형은 시간에 따른 헤지 수요가 일정함을 가정하고 동시에 각 개별 자산의 변동성에 대해서도 시간에 대해 일정함을 가정하여 전체 기간 동안의 자산배분이 동일하며 일시적인 헤징 수요만이 있다고 생각함으로써 여전히 이에 대한 문제를 해소하지 못하고 있었다. 이후 여러 방면에서 Merton의 가정들에 대해 점차 완화조건을 제시하며 전략적 자산배분에 대한 비중을 연구하기 시작하였다.

일반적으로 전략적 자산배분의 문제는 일정한 기준, 즉 투자자의 목적에 대한 설정하에서 투자의 성과를 평가하는 것이다. 이러한 포트폴리오 문제는 목적함수에 대한 최대화 문제로 귀결된다. 최근까지 대부분의 연구는 기금 운용자의 합리적 행위를 기초로 효용함수의 선호에 대한 표현이 가능하며 효용함수가 볼록함수이며 연속적이라는 표준적인 방법을 적용하여 왔다. 또한 확률적 계산에 대한 프로그래밍의 발전으로 인하여 다기간 확률 최적화 문제를 해결할 수 있게 되었다는 것이 다기간 최적 포트폴리오의 문제해결에 큰 도움이 되었다. 특히, Brennan, Schwarts, Lognado(1977)부터 전략적 자산배분을 시간에 따라 변화하는 투자기회에 대한 논의를 시작하였다. 이들은 '전략적 자산배분'을 '투자기회조합의 시간변화에 반응하는 투자행위'로 묘사함으로써 자산배분의 관점이 투자자의 효용에 집중되기 시작하였다. 특히 상태변수들에 의해 결정되는 포트폴리오의 수익률을 모형화하여 이를 Hamilton-Jacobi-Bellman(HJB) 방정식을 사용하여 비선형 편미분 방정식을 근사해 방법으로 해결해 보였다. 그러나 여전히 평균－분산모형에서 보이는 단순성과는 대조적으로 전략적 자산배분모형은 실제적으로 해를 구하기가 매우 어렵다는 단점이 있다.

또한 시간에 따라 주식수익률이 내포된 자산의 수익률에 대한 일반적 변동성이 일정하지 않다는 많은 실증분석이 있었음에도 90년대 말까지도 장기투자자의 최적 자산배분에 대한 동적 문제에 대해서는 많은 연구가 진행되지 못하였다. 이는 아마도 실제 기관투자자 자산운용자들에게 이론적 연구에 대한 이해가 어렵기 때문이며 실무적으로는 평균 분산모형을 통한 기본 자산배분안의 마련에 몇 가지 제약조건(최대 위험 허용량 혹은 shortfall risk 등)을 첨부함으로써 매우 간단하고 이해하기 쉬운 모형으로 활용 가능하기 때문이었다. 그리고 또 한 가지 이유는 Merton 모형에서 제시하는 헤지 수요에 대한 최적해를 도출할 경우 시점 간 헤지 모형을 폐쇄형으로 구성하기가 어려우며, 구체적인 실무적 단순성을 나타내지 못하였기 때문이다. 사실 Merton 모형에서 제시되는 모델의 닫힌 해는 매우 극소수의 특수한 경우에서만이 가능하다는 것으로 현실적 적용에 한계가 있기 때문이었다.

그러나 1980년대부터 실증적인 연구를 통해 투자기회의 시간

에 따른 변화를 입증하고 채권 및 주식의 기대수익률과 실질이
자율의 변화가 매우 높은 일관성을 가지고 있다는 것이 보였다.
(Campbell and Shiller (1988), Fama and French (1988),
Hodrick (1992), Campbell, Lo, MacKinlay(1997))

또한 90년 말에 이르러 금융이론들이 장기위험의 장기자산배
분에 대한 중요성을 인식한 stylized 모형에 기반을 둔 Merton
모형에 대한 닫힌 해를 구하는 새로운 방법들이 개발되었다.
(Kim and Omberg (1996), Campbell and Viceira (1999, 2001),
Schroder and Skiadas (1999), Watcher (2002)) 그리고 이와 함
께 컴퓨터 기술의 발전과 수치해석 방법의 발전으로 다기간 포
트폴리오 선택문제를 수치적으로 해결할 수 있게 되었다는 것이
현실적인 다기간 모형의 해를 도출해내는 데 큰 힘이 되었다.

Balduzzi, Lynch(1999)는 수익률에 대한 예측이 실제적으로 이
전비용이 존재할 경우 효용비용과 최적 자산배분에 끼치는 영향
에 대해 분석하는 등 여러 각도에서의 장기투자자의 투자행위에
대한 고려가 시작되었다.

특히 Campbell and Viceira(1999, 2001, 2002, 2005)는 확률적 선
택기회 조합하에서 포트폴리오 소비를 특징짓는 행위에 대해서 연
속적인 자산의 재조정 과정과 무한대의 투자 영역에서의 소비와
포트폴리오 선택에 대한 log linear approximate 방법을 사용하여
위험기피의 증가에 따르는 최적 포트폴리오하에서 채권과 주식의
비율에 대한 해를 도출하였다. 이를 통해 최적 포트폴리오 선택의
문제는 투자 기간에 의존하며 위험 − 수익 간의 기간구조에 대한

상쇄관계로 설정하였다. 이들은 기간구조를 사용하여 시간변화 기대수익률이 투자 기간에 의존하는 포트폴리오로 유도됨을 보임으로써 장기투자자에 대한 모형의 수립에 비약적인 발전을 보였다. 특히 주식과 장기 및 단기 채권에 대한 장기투자자의 선택의 문제에 초점을 맞추기 위해 기본적으로 개별 소비자의 최종 부의 상태와 life-cycle상의 소비문제를 고려대상으로 삼았다.

Campbell과 Viceira(2002)는 시점 간 헤지가 미국 주식 프리미엄과 이자율 모두에서 관측되는 예측 가능한 변동성이라는 측면에서 질적으로 중요하다는 것을 발견하였다. 연속 시간에서 변동성 위험하에서 최적 자산배분에 대한 체계적인 접근을 하고자 한다. 이를 위해 Duffie and Epstein(2002) 소비에 대해 반응하는 효용함수를 근거로 한다.

이와 관련하여 Chacko and Viceira(2002)는 상태공간에서 특정 위치의 주변에서의 log 형태의 소비, 부의 비율에 대한 비조건부 평균을 구하여 근사해(approximate) 방법을 사용하여 불완전시장에서의 확률적 변동성을 가지는 최적 포트폴리오를 유도하고 log 형태의 소비-부 비율에 대한 비조건부 평균 부근의 특정 점에서의 해를 발견해 내는 데에 성공하였다. 한편 Sørensen(1999), Brennen and Xia(2000)는 이자율의 동적 형태가 Vasicek(1977) 모델을 따른다고 생각하였다. 그러므로 완전금융시장과 이자율 위험 및 주식시장 위험이 일정한 시장가격을 가지고 있다고 가정하여 할인채의 만기가 투자 기간과 매칭 될 경우, 단기의 최종부에 대한 멱 효용함수(power utility)를 가지는 투자자의 최적 투자전략이 M-V 최적 포트폴리오의 단순조합과 동일함을 발견함으로써 최적 포트폴리오는 투자기회가 변경되지 않음을 보이기도 하였다. 반면 Barberis(2000)는 예측 변수가 없어도 상태확률에 대한 투자자의 믿음이 시간에 따라 변하는 것을 시나리오화하여 파국기(crash state)에서는 주식이 매력 없는 것이기에 단기투자자는 주식을 보유하지 않으나 장기투자자의 경우 미래 상태에 대한 기대로 주식을 더욱 보유하게 된다는 국면 전환을 기초로 주식 비중이 투자자의 투자 기간의 함수에 따라 증가됨을 보인 바 있다.

Liu(2001)는 주식수익률이 확률 분산형태를 따르며 예측 가능성의 조합에 대응되는 최적 자산배분안을 축약형으로 제시하여 비선형 편미분 방정식으로 표현되는 Merton의 최적 동적 포트폴리오의 선택문제가 확률적 공간에서 일반 미분방정식 체계로 전환될 수 있음을 보였다. 이후 장기자산배분에 있어서 확률적 문제를 해결할 수 있는 기반을 제공하였다. 또한 동시에 CIR의 단일요소 모형을 사용하여 완전하고 'affine'한 시장에서 소비에 대한 시간가중 멱 효용함수(power utility)를 가지는 투자자의 특정한 이자율의 헤징 도구는 할인채라기보다는 일정한 쿠폰을 지급하는 채권임을 보였다. 투자 기간이 늘어날수록 위험이 평균 수익보다 더 빨리 감소됨을 보여 주식과 같은 위험자산은 대부분 장기로 가면 무위험 자산화된다고 생각하여 투자 기간이 장기화될수록 주식보유 비중을 높게 유지하는 현상에 대해 설명하고 있다.

반면 Detemple, Garccia, Rindisbacher(2003)은 이자율과 비선형

과정을 따르는 시장위험가격에 대한 자료를 가지고 자산배분에 대한 시뮬레이션 방법을 사용하여 자산배분 효과를 분석하여 주식배분이 장기투자자에게 높게 배분되어 있는 표준 VAR 체계에서 과대하게 존재하고 있음을 발견. 비선형모델에 대한 예측치로서 배당을 더하여도 최적 포트폴리오 비중은 거의 변하지 않음을 발견하여 기존의 연구에 대한 다른 견해를 제시하기도 한다.

국내 연구로는 최근까지 다기간을 고려한 자산배분에 대한 연구가 제대로 수행되지 못하였다. 그러나 장기펀드의 활성화 및 연금기금의 거대화, 퇴직연금의 등장 등으로 다기간 장기투자자에 대한 많은 연구가 수행 중에 있다. 국내 연구 중 대표적인 것으로 김대욱(2006)의 연구가 있다. 그는 Campbell & Viceira의 연구방법에 실질 투자가치의 보전을 위한 해외투자에 대한 자산배분 비중과 위험자산에 대한 비중을 VAR 모형을 적용하여 실증적으로 보여주었으며 장기투자자의 입장에서 자산배분 문제를 다양하게 다루고자 하였다.

본고에서는 자산배분에서 운용자나 혹은 운용기관의 위험회피로 나타내는 효용함수를 반영하여 연기금 운용자가 직면하게 되는 주요 위험요소를 포함하게 될 경우 이들의 장기자산배분에 어떠한 영향을 나타내게 되며, 각 자산별 배분 비중에 대한 요인을 살펴보고자 한다.

이를 위해 II장에서는 회사채를 자산군에 반영함으로써 기존의 가격변동성 위험 외에 시장위험 및 신용위험을 반영한 자산배분안을 제시하고자 한다. 그리고 이에 따른 투자만기에 따른 주식의 비중 변화 추이를 검토해 볼 것이다. Ⅲ장에서는 인플레이션 위험을 집중하여 다루고자 한다. 인플레이션이란 미래의 실질 연금급여를 책임지는 운용자의 입장에서 중요하게 고려되는 위험이란 측면에서 이를 고려한 자산배분 비중과 주식이 장기자산배분 과정에서 미치는 효과 등을 논의할 것이다. 그리고 Ⅳ장에서는 연금운용자로서 간과하지 못하는 부채 부문의 위험을 반영한 자산배분모형을 제시할 것이다. 여기서는 위험으로 표현되는 변동성이 시간에 의존적이라는 것을 전재로 이에 대한 변동성 위험과 연금기금 자체가 가지는 본질적 위험, 즉 연금부채의 변화에 대한 위험을 고려한 자산배분을 제시하고자 한다. 특히 부채를 고려하는 데 있어서 연금제도 전체적 측면에서의 자산 − 부채 모형을 다소 보완하여 기금 운용보문이 책임질 수 있는 부문과 정책적 차원에서의 보험료 − 급여의 조정을 통해 해결해야 할 부문을 분리해 냄으로써 펀드비율(Funded Ratio)을 반영한 기금 운용을 위한 적정 부채비중을 검토해 보고자 한다.

이후 제시된 거시경제 모델을 기반으로 해외 주요 연금운용기관들의 위험기피도를 상대적 수치로서 추정해 보고 한국의 연기금의 경우를 사례로 들어 각 자산별 보유 비중을 부록 부문에 제시할 것이다.

Ⅱ. 시장, 신용리스크를 반영한 자산배분 과정의 모색

II. 시장, 신용리스크를 반영한 자산배분 과정의 모색

1. 기본 개념

채권의 위험과 주식의 위험을 나타내는 것으로는 크게 이자율의 변동에 의한 위험, 신용스프레드로 나타나는 신용위험, 그리고 주식 부문의 위험으로써 주식가치의 변동성이 있다. 그리고 이들 간에는 일정 상관관계를 가지고 있어 운용자의 포트폴리오 구성에 대한 최적화가 가능함을 기본 가정으로 한다.[2] 이에 따라 운용자가 가지는 위험에 대한 효용함수 내에서 효용을 극대화하기 위한 주식－부도가능채권－무위험 채권 간의 위험최소화 자산배분이 가능하다. 본 모델은 Walder(2001)의 미 국채와 회사채 간 자산배분모형과 Hou(2002)의 주식－회사채 간 자산배분모형을 이용한 것이다.

---

[2] 금리의 변동에 따른 시장위험, 기업에 대한 신용스프레드의 변화 및 주가변동 간의 상관관계에 대해서는 기존의 많은 연구들이 제시되어 왔다. Barnhill, Theodore and Maxwell, William, "Modeling correlated market and credit risk in fixed income porfolios", *Journal of Banking & Finance* 26, 2002, pp.347-374, Gebhardt, W., "Stock and bond market interaction: Does momentum spillover", *Working Paper, Cornell University*, 1999. Das, S., Tufano, P., "Pricing credit-sensitive debt when interest rates, credit ratings and credit spreads are stochastic", *Journal of Finance Engineering* 5, 1996, pp.161-198, 등.

1) 위험요소에 대한 기간구조 설정

본 자산배분의 논의를 위해서 채권가격의 설정은 축약모형에 의한 채권가격결정모형을 적용하기로 한다. Duffie and Singleton (1999)의 결과에 의한 가격결정 모형은 다음과 같다.

$$p(t, T_1) = 1_{(\tau > t)} \times F \times E^Q \left[\int_t^{T_1} \exp \right.$$

$$\left[- \int_t^u (r(s) + h(s)\omega(s)) ds \right] |F_t]$$

$$= 1_{(\tau > t)} \times v(t, T_1) \times F \tag{2.1}$$

F: 채권 초기값
r: 채권이자율
h: 부도확률 (hazard rate)
ω: 부도 시 손실률

$$v(t, T_1) := E^Q \left[\int_t^{T_1} e \left[- \int_t^u (r(s) + h(s)\omega(s)) ds \right] |F_t] \right.$$

는 (부도가능 할인채권: Defaultable Zero-coupon Bond: DZB) 의 부도발생 이전의 가치(pre-default value)를 의미한다. (2.1)식 에서 나타나듯이 부도발생 시점 이후 부도가능 채권의 가격은 0 이 되는 것을 가정한다. 이는 부도 시 회사채가 다른 동일한 가 치의 무위험 채권의 일부로 전환된다는 것을 의미한다. 사실, Duffie and Singleton은 부도란 위험중립하에서 hazard rate과정 에 의해 지배되는 예측 불가능한 상황으로 정의한다. 그러므로 부도위험 채권의 t기의 가격은 무위험 채권의 경우처럼 미래에 지급될 현금흐름에 대해서 위험 조정된 이자율로 할인된 가치를 적용함으로써 구해질 수 있다. 즉 부도가능 채권의 평균 손실률 과정(mean-loss rate process)이 외생적으로 주어지는 것으로서 $h \times w$에 대한 모수를 추정함으로써 무위험 채권의 기간구조가 부도가능 채권에 직접 적용할 수 있음을 암시한다.

이러한 채권모형을 기초로 각각 위험에 대한 기간구조는 다음과 같이 나타낼 수 있다. 가장 먼저 이자율 기간구조는 일반적으로 무위험 이자율에 대한 확률변수로 이루어진다. 여기서는 무위험 이자율 r을 Vasicek 모델을 적용한 것이다.

이는 어느 특정시점의 이자율 기간구조는 위험중립 과정과 이자율 r로부터 얻어질 수 있음을 근거로 한 것이다. 그러므로 채권가격은 이자율에 대한 함수로 표기할 수 있으며 이자율은 단일요소 모형에서는 순간 이자율의 확률과정이라는 하나의 불확실성에 의해서 결정이 가능한 것이다.

$$dr(t) = x_r(\theta_r - r(t))dt + \sigma_r d\omega_r(t) \qquad (2.2)$$

x_r: 장기적 이자율로의 회귀속도

θ_r: 장기 이자율

σ_r: 이자율의 변동성

이때 만기가 T_1인 할인가로 나타낸 국채의 가격은 $B(t,\ T_1)$로 나타내며 이 역시 확률 미분방정식을 따른다고 알려져 있다.

$$dB(t,\ T_1) = B(t,\ T_1)[r(t)dt + \sigma_B(t,\ T_1)dw_r(t)] \qquad (2.3)$$

$$\sigma_B = -\frac{1 - e^{x_r(T_1 - t)}}{x_r}\sigma_r$$

한편 일시적인 신용스프레드 δ는 Ornstein-Uhlenbeck 프로세스에 의해

$$d\delta(t) = x_\delta(\theta_\delta - \delta(t))dt + \sigma_\delta dw_\delta(t)$$로 표기 가능하다. $\quad(2.4)$

$\quad x_\delta$: 장기적 스프레드로의 회귀속도

$\quad \theta_\delta$: 장기 스프레드

$\quad \sigma_\delta$: 스프레드의 변동성

(2.4)식의 동적 형태는 (2.2)식과 동일한 모습을 보이고 있음을 알 수 있다. 그러므로 스프레드 역시 신용위험의 단순 모형에 간단하게 적용 가능하다. 사실 신용스프레드는 일반적으로 이자율과 기업고유의 요소(Book-to-Market Ratio, Leverage, Stock Price 등)에 의해 결정된다. 그렇지만 Bakshi(2001a) 모델에서와 같은 많은 연구에서 확률과정을 가지는 스프레드에 대한 실증분석을 통해 스프레드를 신용위험의 대리변수로 적용한 모델이 적정한 것임을 보인 바 있어 본 연구에서도 이를 일관되게 적용하기로 한다.

한편, 배당이 없는 주식가격을 가정하였을 때, 다음과 같은 기간구조를 상정할 수 있다.

$$dS(t) = r(t)S(t)dt + \sigma_S(t)S(t)dw_S(t) \tag{2.5}$$

σ_S: 주가변동성

이상과 같은 세 가지 기본 모델은 위험중립적인 확률모형 체계 Q하에서 각기 개별적으로 존재되는 것이다. 사실상 이자율, 스프레드, 주식의 가격변동은 상호 간 상관관계를 가지고 있다. 여기서는 이러한 상호 관계를 $dw_S dw_r = \rho_{rS} dt$, $dw_S dw_\delta = \rho_{S\delta} dt$로 나타내게 된다.

이 관계를 이용하여 동적 이자율 r, 신용스프레드 δ, 주가 S가 주어진 상황에서 (2.2), (2.4), (2.5)식은 아래와 같이 물리적 확률공간 P하에서 표현 가능하다. 본 자산배분을 위해서는 신용 부문, 시장(금리 부문), 가격변동 부문을 나타내는 세 가지 기본 모델을 제시하게 된다. 그 식은 아래와 같다. 각 식에 대한 증명은 〈부록 1〉에 나타나 있다.

$$dr(t) = [x_r(\theta_r - r(t)) + \sigma_r(\lambda_r(t)$$

$$+ \rho_{r\delta}\lambda_\delta(t) + \rho_{rS}\lambda_S(t))]dt + \sigma_r dw_r^P(t) \tag{2.6}$$

$$d\delta(t) = [x_\delta(\theta_\delta - \delta(t)) + \sigma_\delta(\rho_{r\delta}\lambda_r(t) + \lambda_\delta(t)$$

$$+ \rho_{S\delta}\lambda_S(t))]dt + \sigma_\delta dw_\delta^P(t) \tag{2.7}$$

$$dS(t) = [r(t) + \sigma_S(\rho_{rS}\lambda_r(t) + \rho_{S\delta}\lambda_\delta(t)$$

$$+ \lambda_S(t))]S(t)dt + \sigma_S S(t)dw_r^P(t) \tag{2.8}$$

λ_r: 이자율 위험에 의한 리스크의 시장 가격

λ_δ: 신용위험에 대한 리스크의 시장 가격

λ_S: equity 리스크에 대한 시장 가격

$w^P = (\omega_r^P, \omega_\delta^P, \omega_S^P)$는 동일한 상관관계구조에서 확률 P하에 브라우니안 벡터

위 식 (2.6), (2.7), (2.8)에서 나타나다시피 각 부문의 위험에 대한 변동성은 각 금리, 신용스프레드, 주가변동성으로 나타나는 각 요소 간 일정 상관관계를 공통적으로 포함하고 있으며, 이는 확률공간 P하에서의 브라우니안 모션 벡터로 나타난다.

이는 세 가지 위험에 대한 원천이 상관관계에 의해 모두 노출되어, 각각의 확률 미분방정식의 추세선의 기울기가 0이 아니라는 사실에 기초한다. 또한 각 위험 인자들은 일반적으로 상관관계가 있으며, 어느 하나의 위험에 노출된다는 결국 다른 것에도 노출되어 추가적인 리스크 프리미엄으로 투자자는 인식하게 되는 것이다. 예를 들어 일정한 신용위험이 있는 회사채의 경우 그 회사채의 신용스프레드의 변경에 따라 채권의 가격이 함께 변경됨과 동시에 금리의 변경에 대해서도 채권의 가격은 변경이 나

타날 수 있다. 이는 단순하게 가격변경의 위험 외에도 금리 및 신용스프레드의 변경 요소가 가격에 반영되고 있음을 의미하며, 이 세 가지 요소는 서로 일정 부문 상관관계를 나타내고 있음을 의미하는 것이다.

이러한 위험은 각각 잘 분산된 포트폴리오를 가진다고 하여도 '제거(price out)'될 수 없는 체계적 위험이다. 그러므로 위험에 대한 모든 시장 가격은 여기서 결정된다고 가정하고 이에 따라 λ_r, λ_δ, λ_S가 결정된다고 하여도 가정상 무리는 없을 것이라 판단된다.

초기값(F)을 1로 설정하여 부도가능 할인채권의 가격 p(t, T₁)에 대한 가격을 산정하기 위해 확률 미분방정식을 도출하면 아래와 같다. (〈부록 1〉 참조)

$$dp(t, T_1) = p(t-, T_1)[(r(t) + \delta(t))dt + \sigma_B(t, T_1)d\omega_r$$
$$+ \zeta_\delta(t, T_1)\sigma_\delta d\omega_\delta] - v(t, T_1)dH_t \qquad (2.9)$$

$$단, \quad \zeta_\delta(t, T_1) := -\frac{1 - \exp(-x_\delta(T_1 - t))}{x_\delta}$$

(2.9)식의 마지막 항은 부도사건이 발생할 경우 나타난다. 부도가 발생하면, 부도가능 채권의 가격은 거의 0에 가깝게 떨어지며, $v(t, T_1)dH_t$에 의해 평가된 값이 0으로 나타나게 된다. 이는 회복사항과는 관계없는 것이다. 심지어 할인채에 대한 채권의 회수

가 나타나는 경우에도 이 채권의 가격은 0으로 떨어진다. 본 식에서 나타내는 주요 키포인트는 부도가 발생할 경우 회사채의 가격을 $v(t, T_1)dH_t$에 의해 사라져 버린다는 것이다. 부도에 대한 투자자의 회수금의 총량은 부도채권으로부터 나오는 한 번의 배당으로 간주된다. 시장가치 회수(Recovery Market Value: RMV)가정에 의해 배당과 부도채권 간에 밀접한 관련이 있다고 하여도 부도에 의한 배당지급은 그 자체로 부도채권을 의미하는 것이 아니다. 즉 부도 시 투자자의 회사채 회수 총량은 부도발생 직전의 시장가치에 대한 일정 비율로 나타난다.

(2.9)식은 위험중립 확률(risk-neutral measure Q)하에서의 움직임으로 나타난다. (2.9)식의 마지막 항을 제외하고는 부도가능 할인채권의 행동은 국채(Treasury bond)와 같다. 이 둘 간의 차이는 다음과 같다. 먼저, 시간에 대한 추세 term이 회사채의 신용스프레드를 포함한다. 신용스프레드는 시장가치의 회복(Recovery market value: RMV) 부문을 추세에 포함시킨다. 만일 부도 시에 할인채권이 있으면, δ 대신 h가 drift에 나타날 것이다. 둘째로 브라우니안 요소, ω_δ를 더한 dH항으로 나타나는 신용위험은 ω_r로 대표되는 시장위험과 함께 채권가격에 대한 동적인 모습을 보이게 된다. 이는 일반적으로 세 위험요소가 상관관계를 가지고 있으므로 equity risk, 시장리스크, 신용리스크 간에 결합된 기대리스크 프리미엄이 물리적 확률치 P하에서 부도가능 채권의 가격을 동적으로 보여주게 되는 것이다.

동적 자산배분문제가 구성되기 전에 또 다른 문제가 제기된다.

중요한 문제 중의 하나가 투자자에 관한 것으로서, 어떤 특정 위험이 시장에서 보상될 것인가에 대한 것이다. 만일 위험이 체계적인 것이 아니고 그 경제권 내에서 가격으로 산정되지 않는다면, 누구도 그러한 위험을 취하려 하지 않을 것이다.

(2.9) 식은 다음과 같이 바꿀 수 있다.

$$\frac{dp(t, T_1)}{p(t-, T_1)} = [\, r(t) + \delta(t) - h(t)]dt + \sigma_B(t, T_1)d\omega_r$$
$$+ \zeta_\delta(t, T_1)\sigma_\delta d\omega_\delta - dM_t \qquad (2.10)$$

Jarrow(2001)은 개별 기업이 셀 수 있을 정도로 유한한 숫자로 각 경제권 내에서 부도시점은 독립적으로 존재한다면 할인 가능한 martingale term은 분산 가능함을 보여주었다. 이러한 제한된 경제권 내에서 잘 분산된 포트폴리오의 가격은 다음과 같은 과정을 따른다.

$$\frac{dp(t, T_1)}{p(t-, T_1)} = [\, r(t) + \delta(t) - h(t)]dt + \sigma_B(t, T_1)d\omega_r$$
$$+ \zeta_\delta(t, T_1)\sigma_\delta d\omega_\delta(t) \qquad (2.11)$$

단, $\eta(t) := \delta(t) - h(t)$

여기서 P(t, T_1)는 분산된 포트폴리오의 가격이다. 분산의 결과로 (2.10)식에 나타난 dM항의 Q-martingale term이 (2.11)식에서는 제거되었다는 점을 주목할 필요가 있다. 즉 각각 고유의 부도위험 부문이 온건한 기술적 조건하에서는 이 제한된 경제 내에서는 가격이 매겨지지 않음을 의미한다. 이는 분산효과에 대한 약간의 엄격함을 통해 분석이 보다 단순해지도록 한 것이다.

(2.11)식에서 나타나듯이 할인채 수익률의 추이(drift)는 위험 중립적 확률변수 Q하에서도 r로부터 파생된다. Walder(2001)는 Jarrow(2001)의 연구에 따라 부도 시 회수율이 0이라고 가정하였다. 그러나 회수율이 0이라는 가정은 $\delta(t) - h(t)$항을 0으로 만들어 추세 부문에 대해서 과대하게 평가할 수 있다. 특히 만일 이 가정을 수용한다면 부도가능 할인채는 Brownian driver로 나타내는 지속적인 충격(shock)에 대해 다른 민감도를 갖는 자산들과의 구별을 어렵게 한다. 여기서는 부도가능 할인채는 추세항 (drift term)으로 구분하며, 리스크 민감도 역시 다른 자산과 다르다고 한다. 그러므로 각기 고유 위험이 제거된 상태에서도 이에 대한 위험은 남아 있는 것이다. 사실상 (2.11)식에서는 체계적인 신용위험이 이자율 위험이나 equity 위험과 같은 다른 위험으로부터 다른 방법으로 포트폴리오에 영향을 준다. 한편 배당률[3] η이 할인채라 하여도 부도 이전에 지급됨을 보게 된다. 사실 $\eta = (1 - \omega)h$로 나타내어질 수 있으며, 이는 회복률(1-w)에 위험비율(h)을 곱한 것이 된다. 즉 결과적으로 할인채에 있어서는 η는 부도가 발생할 때까지의 부도가능 채권의 기대 회복률로 나타나는 것이다. 이는 B-S 모형에서의 배당에 대한 일반적 개념

---

3) 전통적인 B-S 모델에서 다룬 배당률.

을 따른다. 여기서 할인채와 국채 간의 주요 차이가 나타난다. 시간 추세 부문에서 신용스프레드 δ 발생이 RMV 가정에서 나타난다고 할지라도 진행되는 분석은 다른 방법론이 적용된다. 이는 처음 Hou&Jin(2002)에서 나타난다. w가 일정하다는 가정에서 η는 식 (2.11)에서 δ와 w로 표현 가능하다. 또한 η는 신용스프레드 δ에 의해 확률미분 함수로 나타낼 수 있다.

$$d\eta = \left[x_\delta(\frac{1-w}{w}\theta_\delta - \eta(t)) + \frac{1-w}{w}\sigma_\delta\overline{\lambda_\delta}\right]dt$$
$$+ \frac{1-w}{w}\sigma_\delta dw_\delta^P(t) \tag{2.12}$$

2) 효용함수의 구성 및 최적화 조건 설정

한편 투자자의 효용함수를 von-Neumann-Morgenstern 효용함수 가정하기로 한다. 이 효용함수는 전형적인 CRRA(Constant Relative Risk Aversion)를 상정하였다.

$$U(W) = \begin{pmatrix} \dfrac{1}{1-\gamma}W^{1-\gamma,} & \text{if } W > 0 \\ -\infty & \text{if } W < 0 \end{pmatrix} \tag{2.13}$$

이는 Campbell and Viceira(2002)에서 지적된 바와 같이 투자기회조합에 대한 충격은 보유하는 부에 대한 충격으로 인식함에 따라 연금기금과 같은 장기투자자의 입장에서는 직적접인 수익률에 대한 효용함수보다는 부에 대한 효용함수가 적절하다고 판단하였다.

투자자의 초기 부가 W_0이고 각 위험자산별로 π로 투자한다고 하였을 때, 각 거래 전략은 self-financing으로 제약된다. 즉 이 모델에서는 투자자의 효용이 수익률로 표시되는 것이 아니라 보유자산에 대한 위험기피도로서 나타내고 있음을 뜻하는 것이다. 일반적인 투자자의 입장에서라면 주어진 위험하에서 수익률에 대한 극대화를 목적으로 자산배분을 생각하는 반면, 본 모델에서는 보유자산에 대한 리스크의 측면을 반영하고 있다는 점에서 큰 차이가 있다.

결과적으로 이자율, 신용스프레드, 주가변동에 의한 위험에 노출된 부의 동적 기간구조는 다음과 같이 표현할 수 있다[4].

$$dW^{\pi}(t) = W^{\pi}(t)[r(t) + n(t)'(\mu(t) - r(t)1)dt$$
$$+ n(t)'\Sigma(t)dw^{P}(t)]$$
$$W^{\pi} = W_0 > 0 \qquad\qquad (2.14)$$

---

4) Fleming, Wendell H., Raymond W. Rishel, *Deterministic and Stochastic Optimal Control*, Springer-Verlag, New York, 1975와 Korn, Ralf, Holger Kraft, "A stochastic Control Approach to Portfolio Problems with Stochastic Interest Rates", SIAM journal of Control and Optimization 40-4, 1250-1269, 2001 참조.

$$\Sigma := \begin{pmatrix} \sigma_B & 0 & 0 \\ 0 & \sigma_S & 0 \\ 0 & 0 & \zeta_\delta \sigma_\delta \end{pmatrix}$$ 는 위험자산의 변동 메트릭스를 의미한다.

단, $\mu := (r + \sigma_B \overline{\lambda_r},\ r + \sigma_S \overline{\lambda_S},\ r - \eta + \sigma_B \overline{\lambda_r} + \zeta_\delta \sigma_\delta \overline{\lambda_\delta})$는 실제 확률공간 P에서의 위험자산의 일시적 수익률 벡터를 의미하며, $w^P = (\omega_r^P,\ \omega_S^P,\ \omega_\delta^P)$는 물리적 확률 P하에서 Wiener 과정으로 상관관계를 가지는 벡터를 의미한다.

(2.14)식에서 보이는 투자자의 제약식은 결국 투자자가 보유한 부에 대한 확률과정을 따른다. 이 경우 w^P로 나타나는 3개의 확률과정(위너과정)은 각각 정규분포를 따르는 확률변수로 가정하기로 한다. 이를 통하여 각 개별의 확률변수는 다시 1개의 정규분포를 따르는 확률변수로 전환할 수 있으므로 제약식 역시 GBM를 따르는 확률과정이 된다.

$A(W_0)$는 $A(W_0) = [\pi(\cdot) \in R_3 : W^n(t) > 0\ P - a.s.\ \text{for } t \in [0, T]]$로 정의되는 거래전략을 의미한다.

0기의 물리적 확률 P하에서의 동적 형태는 아래와 같다. 특히 $\sigma_B,\ \zeta_\delta$를 제외한 나머지 결정변수들은 일정 상수라고 가정한다.

$$\frac{db(t, T_1)}{B(t, T_1)} = (r(t) + \sigma_B(t, T_1)\overline{\lambda_r})dt + \sigma_B(t, T_1)dw_r^P(t)$$

$$(2.15)$$

$$\frac{dS(t)}{S(t)} = (r(t) + \sigma_S \overline{\lambda_S})dt + \sigma_S dw_S^P(t) \qquad (2.16)$$

$$\frac{dP(t, T_1)}{P(t, T_1)} = [r(t) - \eta(t) + \sigma_B(t, T_1)\overline{\lambda_r} + \zeta_\delta(t, T_1)\sigma_\delta \overline{\lambda_\delta}]dt$$

$$+ \sigma_B(t, T_1)dw_r^P(t) + \zeta_\delta(t, T_1)\sigma_\delta dw_\delta^P(t) \qquad (2.17)$$

또한 이자율 시장에서는

$$\frac{db(t)}{b(t)} = r(t)dt$$

그러므로 투자자가 접하는 최적전략은

$$Max\ EU(W^\pi(T)) \qquad (2.18)$$

$$\text{s.t.} \begin{cases} dW^n(t) = W^n(t)[r(t) + n(t)'(\mu(t) - r(t)1)dt + n(t)'\Sigma(t)dw^P(t)] \\ W^\pi = W_0 > 0 \end{cases}$$

의 해를 찾는 문제가 된다.

최적화의 해를 구하기 위해서는 stochastic control method가 필요하다. ω를 일정 상수로 가정한다는 의미는 '배당'률 프로세스 η가 운용자의 W를 포함한 상태변수임을 의미한다. 이는 또한 신용스프레드가 시장에서 관찰 가능하다면 ω가 알려져 있다는 가정에 의하여 η가 관찰 가능하다는 것을 전제로 한다. 사실, Collin-Dufrenese(2001)는 실증적으로 '시장스프레드 요소'가 신용

시장의 대리변수로 사용 가능함을 보였다. 이자율 r 역시 상태변수로 나타난다. Merton(1971)에 의하면 간접효용함수를 다음과 같이 정의하고 있다.

$$J(W, r, \eta, t) = Max \quad EU(W^{\pi}(T)|F_t) \tag{2.19}$$
$$\{n(s) \in A(\omega),\ t \leq s \leq T\}$$

Walder(2001)는 η의 존재가 부도가능 채권에서 리스크 프리미엄의 일부이기 때문에 투자자들은 자신들의 포트폴리오를 조정한다고 보았다. 보다 중요한 것은 η의 불확실성이 근시적이지 않은 투자자들에게 이자율의 확률보행에 대한 헤지 수단으로써 그의 포트폴리오를 감소시키도록 한다는 것이다. 상태변수 $Y := (W^{\pi}, r, \eta)'$라 하고 (2.6), (2.12), (2.18)이 주어진 상태에서 Y를 Ito process를 따른다고 하면,

$$dY(t) = \mu^Y(y, t)dt + \Sigma^Y(Y, t)dw^P(t) \tag{2.20}$$

$$단,\quad \mu^Y := \begin{pmatrix} W^{\pi}(r + \pi'(\mu - r1)) \\ x_r(\theta_r - r) + \sigma_r\overline{\lambda_r} \\ x_\delta(\theta_\eta - \eta) + \sigma_\eta\overline{\lambda_\delta} \end{pmatrix},$$

$$\Sigma^Y := \begin{pmatrix} W^{\pi}(\pi_B + \pi_P)\sigma_B & W^{\pi}\pi_S\sigma_S & W^{\pi}\pi_P\zeta_\delta\sigma_\delta \\ \sigma_r & 0 & 0 \\ 0 & 0 & \sigma_\eta \end{pmatrix} 를\ 의미$$

(2.19), (2.20)식을 가진 최적화 문제를 풀기 위하여 이때 $J = A(t)\exp(B(t))\dfrac{W^{1-\gamma}}{1-\gamma}$ 라 가정하고 이에 대한 Hamilton-Jacobi-Bellman equation을 도입하면, 아래와 같다.

$$Max \quad D^{\,n}J(W, r, \eta, t) = 0 \tag{2.21}$$

$$J(W, r, \eta, T) = \frac{1}{1-\gamma}\,W^{1-\gamma} \tag{2.22}$$

여기서

$$D^{\pi}J(W, r, \eta, t) = J_t(Y, t) + J_Y(Y, t)'\mu^Y(Y, t)$$

$$+ \frac{1}{2}\,tr[\Sigma^Y(Y, t)\Xi\Sigma^Y(Y, t)'J_{YY}(y, t)]$$

여기서 간접효용함수 $J(W, r, \eta, t) = g(t)I(r, \eta, t)\dfrac{W^{1-\gamma}}{1-\gamma}$ 라고 가정한다.

이때 $I(r, \eta, t) = \exp(q(r, \eta, t))$ 라고 할 경우 $q(t) = f(t)r + k(t)\eta + \dfrac{1}{2}\,l(t)\eta^2$ 으로 간주할 수 있다. 이를 통하여 구해진 목적함수, 즉 간접효용함수는 다음과 같이 나타내게 된다.

$$J(W, r, \eta, t) = \begin{pmatrix} g(t)\exp(f(t)r + k(t)\eta + \dfrac{1}{2}\,l(t)\eta^2)\dfrac{W^{1-\gamma}}{1-\gamma}, & \gamma \neq 1 \\ \ln W & , \gamma = 1 \end{pmatrix}$$

$$\tag{2.23}$$

식 (2.21), (2.22), (2.23)에 의한 최적화 해는 다음과 같다.

(〈부록 2〉 참조)

$$B^* = \frac{1}{\gamma}(\Psi_B + A_B\eta) - \frac{f}{\gamma}\frac{x_r}{1-e^{-x_{r(T_1-t)}}} - P^* \tag{2.24}$$

$$P^* = \frac{1}{\gamma}(\Psi_P + A_P\eta) - \frac{1-\omega}{\omega}\frac{k+l\eta}{\gamma}\frac{x_\delta}{1-e^{-x_{\delta(T_1-t)}}}$$

$$S^* = \frac{1}{\gamma}(\Psi_S + A_S\eta)$$

$$n_B^* = \frac{B^*}{W}, \quad n_P^* = \frac{P^*}{W}, \quad n_S^* = \frac{S^*}{W}$$

$$n_B^* + n_P^* + n_S^* = 1$$

단, $\Psi_B := \dfrac{\overline{\lambda_r}(1-\rho_{S'\delta}^2) - \overline{\lambda_\delta}(\rho_{r'\delta} - \rho_{S'\delta}\rho_{rS}) - \overline{\lambda_S}(\rho_{r'S} - \rho_{S'\delta}\rho_{r'\delta})}{\sigma_B(\beta)}$

$\Psi_S := \dfrac{\overline{\lambda_S}(1-\rho_{r'\delta}^2) - \overline{\lambda_\delta}(\rho_{S'\delta} - \rho_{r'\delta}\rho_{rS}) - \overline{\lambda_S}(\rho_{r'S} - \rho_{S'\delta}\rho_{r'\delta})}{\sigma_S(\beta)}$

$\Psi_P := \dfrac{\overline{\lambda_\delta}(1-\rho_{r'S}^2) - \overline{\lambda_r}(\rho_{r'\delta} - \rho_{S'\delta}\rho_{rS}) - \overline{\lambda_S}(\rho_{S'\delta} - \rho_{rS}\rho_{r'\delta})}{\zeta_\delta\sigma_\delta(\beta)}$

$$A_B = \frac{\rho_{r\delta} - \rho_{S\delta}\rho_{rS}}{\zeta_\delta\sigma_\delta\sigma_B\beta}$$

$$A_S = \frac{\rho_{S\delta} - \rho_{r\delta}\rho_{rS}}{\zeta_\delta\sigma_S\sigma_B\beta}$$

$$A_P = -\frac{\rho_{r\delta} - \rho_{S\delta}\rho_{rS}}{\zeta_\delta^2\sigma_\delta^2\beta}$$

단, $\beta = 1 - \rho_{\delta S}^2 - \rho_{r'\delta}^2 - \rho_{rS}^2 + 2\rho_{\delta S}\rho_{r'\delta}\rho_{rS}$

 이러한 기초 자료를 통하여 이자율, 스프레드, 주가에 대한 회귀속도와 장기 평균 수준, 변동성, 리스크 프리미엄을 구하고 변수에 대한 상관관계를 추정하도록 한다. 이를 통하여 장기 수준과 회귀속도, 분산에 대한 장기 수준과 각 개별 변수 간의 조건부 상관관계를 구하였다. 그 결과는 다음 표와 같다.(〈부록 6〉 A 참조)

〈표 Ⅱ-1〉 이자율과 스프레드의 장기 수렴 모수

	수렴속도	장기평균	변동성	위험가격
이자율	0.460501 (0.119937)	0.002495 (0.000123)	0.0195 (0.0008)	0.2747
스프레드	0.389319 (0.107575)	0.000850 (0.0000587)	0.0131 (0.00843)	

( ) 안은 Standard deviation
주) Ornstein-Uhlenbeck process를 적용하며, 이자율과 관련한 parameter의 추정을 위하여 Vasicek의 이자율 모형을 기본으로 활용하였다.

〈표 Ⅱ-2〉 이자율, 스프레드, 주가수익률 간의 조건부 상관관계

	이자율	스프레드	주가수익률
이자율	1.0000		
스프레드	0.3747	1.0000	
주가수익률	-0.0296	0.2082	1.0000

( ) 안은 Standard deviation

이자율 변동성, 스프레드 변동성, 가격 변동성에 대한 각각의 상관관계 추정치를 DCC-MGARCH(Dynamic Conditional Correlation Multivariate GARCH)모형을 적용하여 구하였다. (〈부록 6〉B 참조)

2. 장기투자자의 최적 자산배분(안)

1) 투자자의 위험기피도와 투자 기간에 대한 자산별 비중

위에서 제시된 채권의 시장 및 신용위험을 반영하였을 경우 부도가능 채권과 무위험 채권 역시 더 이상 위험이 적은 자산이라 말하기는 어렵다. 이에 따라 주식 및 채권에 내포되어 있는 신용위험 및 시장위험을 반영한 자산배분 모델을 적용하여 보기로 한다.

이때 각 자산의 최적 보유 비중에 대해서 위험기피도 γ에 따라 어떠한 변화를 보이는지 살펴보았다. 아래 [그림 Ⅱ-1], [그림 Ⅱ-2], [그림 Ⅱ-3]이 위험기피도의 변화와 시간의 변화에 따른 각 자산별 보유 비중의 변화를 나타낸 것이다. 그림에서 보다시피 위험에 대한 기피도가 커질수록 주식의 보유 비중은 이에 비례하여 감소되는 반면, 부도가능 채권의 보유 비중은 급격하게 감소되는 모습을 나타낸다. 주식 비중이 투자 기간에 증가됨에 따라 감소된다는 것은 검토해볼 필요가 있다.

또한 주식의 보유 비중은 투자자의 위험기피도, 즉 γ값이 커질수록 만기에 따르는 주식보유 비중의 감소 폭이 커지고 있음을 알 수 있다. 이는 만기가 길수록 위험기피도에 민감하게 반응하고 있는 것을 나타내는 것으로써 장기로 갈수록 투자자의 위험에 대한 선호체계가 자산의 구성에 큰 영향을 끼치게 됨을 보인다 하겠다.

주식의 가격 변동, 시장 금리, 채권 스프레드 간에 상관관계가 존재한다는 가정하에서 금리 예측 및 스프레드 추이 예측을 반영한 자산배분 모델을 제시하여 보았다. 이를 위하여 투자자의 보유자산에 대한 효용함수를 가정하고 이를 극대화하기 위한 각 자산별 비중을 추정하는 모델을 설정하여 보았다.

이 경우 신용위험을 가지는 부도가능 채권(회사채)의 자산비중의 변화가 투자자의 위험기피도의 증가에 따라 두드러지게 감소하고 있음이 발견되었다. 이는 투자자에게 있어서도 채권에 내포된 신용등급의 변동과 신용위험이 주식의 가격변화 못지않은 위험으로 인식됨을 의미한다. 그리고 이러한 위험을 자산배분에 반영하는 것이다.

[그림 II-1] 투자 기간 및 위험기피도에 따르는 국채 (무위험 채권)의 비중 변화

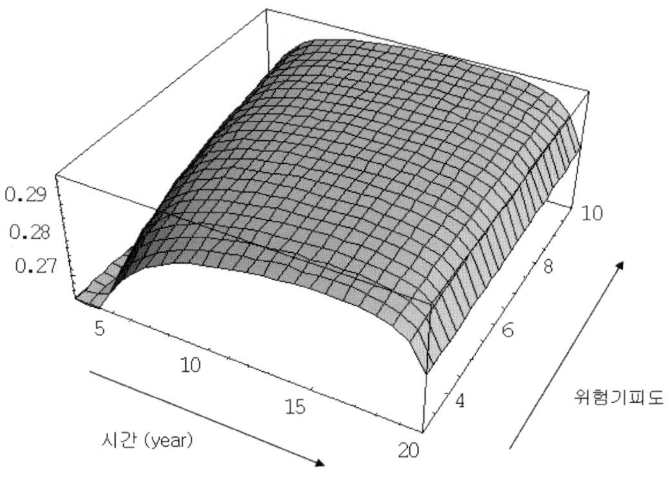

[그림 II-2] 투자 기간 및 위험기피도에 따르는 회사채의 비중 변화

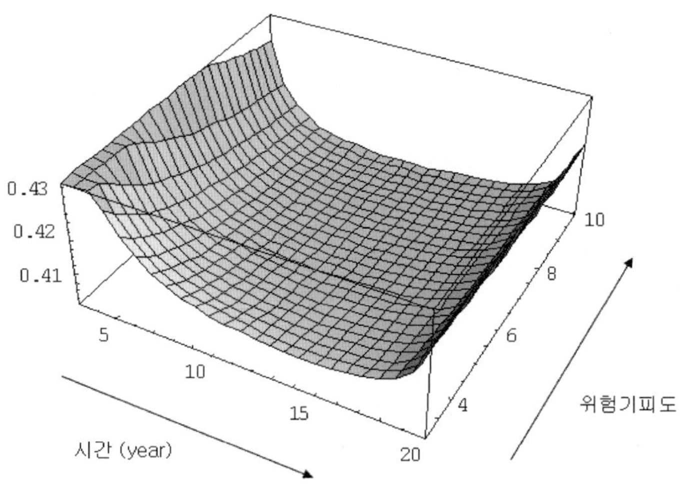

[그림 Ⅱ-3] 투자기간 및 위험기피도에 따르는 주식의
비중 변화

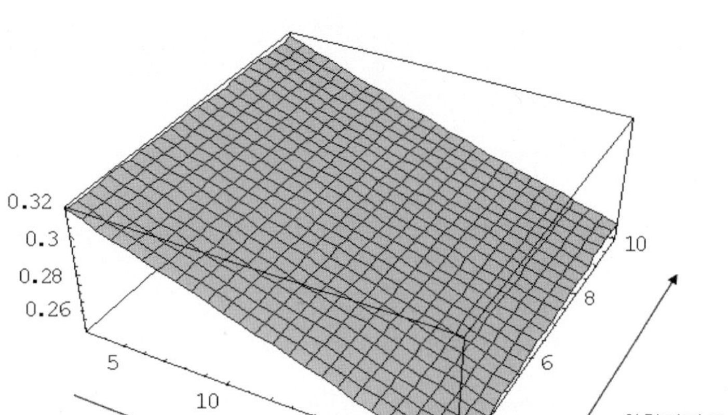

한편 여기서 말하는 시간이란 연간 단위로서 포트폴리오를 계
획할 때 설정하는 투자 잔여기간을 의미한다. 예를 들어 t=3년
이란 의미는 포트폴리오의 운용 기간을 3년으로 설정하고 있음
을 의미한다. 이에 따르면 장기로 갈수록 주식의 비중은 비례하
여 감소되어 간다. 이는 투자자의 주식보유에 대한 선호가 장기
적 투자목적을 가진 보유라기보다는 단기의 '근시안적'인 투자목
적에 큰 의미를 두고 있는 데에서 비롯된다고 생각된다.

그러나 무위험 채권의 경우 목표 시간의 경과에 따라 보유 비
중이 변화하다가 일정수준의 장기에 이르러서는 오히려 비중이
감소되는 모습을 나타낸다. 자산배분의 시점을 장기로 함에 따라
부도가능 채권의 비중이 증가되는 데에서 비롯되는 것으로 여겨
진다. 투자자들이 시장에서의 회사채의 부도가능성 시기를 약 10

년 정도로 인식하고 이 시기를 넘는 채권에 대해서는 채권의 생존 가능성이 높다고 인식한 것에서 비롯된다고 보인다. 그러나 실제적으로 회사채의 보유 비중의 변화율은 주식이나 국채의 변화율에 비하여 매우 작다.

2) 투자 기간에 비례한 주식보유 비중 감소 고찰

앞장에서도 잠시 언급된 바와 같이 장기투자자일수록 주식에 대한 투자 비중이 높게 나타난다는 것은 실증적으로 입증된 사실이다. 투자자문자들은 젊은 투자자들에게는 노령의 투자자에 비해 주식의 비중을 보다 높게 가져가도록 권하는 경향이 있다[5]. Samuelson(1963)에 의하면 이러한 투자자문이 기본 자산선택 이론에 근거한 자산배분과 다르다는 점을 가장 먼저 지적한 바 있다.

장기투자자에 대한 많은 연구가 전문적인 투자자문자들에 의해 추천되는 자산배분은 체계적으로 위험기피도가 높아질수록 채권-주식 비율이 높아지도록 전개된다는 사실에 부합하는 과정으로도 생각될 수 있다. 이러한 추천은 모든 투자자들이 현금과 단일포트폴리오 간의 조합으로 구성된 표준 두 자산 평균-분산모형이다. 이 경우 채권-주식 비율은 모든 투자자들에 있어서 동일하여야 한다.

그러나 본 모형에서 제시하는 주식수익률의 경우 투자 기간에

---

5) Alestalo and Puttonen(2005)의 연구에 의하면 국가별로도 평균 연령이 젊은 국가일수록 주식보유 비중이 높게 나타남을 보인 바 있다.

비례하여 주식투자 비중이 미량이나마 감소되는 경향을 나타내고 있다. 특히 위험기피도가 높아질수록 그 감소 폭은 점차 커지는 모습을 보인다. 이 같은 결과는 기존의 많은 연구 결과와는 다른 모습을 나타내는 것이다. 이에 대한 원인은 크게 세 가지 측면에서 살펴보고자 한다. 첫째는 자산분류군에 회사채를 별도의 항목으로 설정하면서 무위험 채권의 배분 비중과는 별개로 주식과는 또 다른 위험을 보유하는 자산으로서 주식과 위험을 배분하는 효과가 존재할 것이라는 가정이다. 그리고 둘째로는 주식의 위험대비 수익률 성과가 기존에 연구된 해외 주식과 대비하였을 때 매우 다른 구조를 가지고 있을지도 모른다는 가정이다. 그리고 세 번째로 주식이 가지는 인플레이션 위험에 대한 헤지 능력에 대한 고려로 장기투자자의 경우 주식 비중을 높일 것이라는 가정이다. 즉 채권의 경우 투자 기한 동안 정해진 쿠폰에 나타난 비율에 의해 원금을 받는 것으로서 인플레이션 위험에 대하여 완전 노출되어 있는 반면, 주식의 경우 주식의 평가가치가 인플레이션의 증가에 따라 함께 상승함으로써 어느 정도 인플레이션에 대한 헤지 능력이 있다고 판단된다. 그러므로 인플레이션 위험을 모형에 반영함으로써 투자자의 부에 대한 실질가치를 유지하기 위한 자산의 운용 측면에서의 주식의 비중을 살펴보아야 할 것이다.

실무적으로 인플레이션을 고려하고 있는 투자자의 입장에서는 주식과 채권의 자산배분 문제에 직면했을 때 투자 기한이 길수록 주식의 수익률이 최소한 인플레이션 증가율보다는 좋을 것이라는 경험적인 기대에 의하여 주식을 더 많이 보유하도록 한다. 그렇기 때문에 본 모델에서는 인플레이션을 반영하지 못하였다는 점에서 주식 비중의 증가가 나타나지 않을 수도 있다. 우선 주식수익률과 다른 자산과의 상관관계로 인한 주식 비중의 변화를 살펴보고, 주식의 변동성에 대한 비중 변화의 민감도를 살펴볼 것이다. 둘째로는 회사채 부문을 제외하여 주식과 무위험 자산으로 인식되는 국채와의 자산배분 비중을 검토해 보기로 한다. 그 후 인플레이션을 반영한 모델을 제시하여 인플레이션의 불확실성에 대한 헤지 기능으로서의 주식의 보유 비중 변화를 검토해 볼 것이다.

특히 기존의 연구에서는 주식과 채권 간의 상관관계에 대한 연구결과 주식의 보유 비중이 만기가 길어질수록 점차 증가된다는 결론을 도출하고 있음을 반영한다면, 신용위험을 보유하고 있는 채권과의 상관관계가 변화됨에 따라 나타나는 영향으로 인한 것이라 생각된다.

3. 회사채의 개입 여부에 따른 주식보유 비중의 변화

회사채 시장은 신용위험으로 구성된 여러 시장 중의 하나이다. 전통적으로 자산배분에 회사채를 포함시키는 것은 전략적 단계에서의 분석이 아니라 신용위험 분석의 대상으로서 자산군에 포함되어 왔다. 그러나 실무적으로 회사채는 주식이나 기타 자산의 수익대비 위험 구조에서 보다 우수한 성과를 회사채에서 기대하고 있다. 특히 주식시장이 하향국면에 있을 때 국채의 안정적 수익 외에 초과수익에 대한 기대를 회사채 시장을 통해서 이루어 낼 것이라 생각한다. 사실 회사채는 국고채권과 비교하였을 때 상대적으로 높은 수익을 나타내는 투자자산이다. 위험기피적인 투자자의 입장에서 국고채권이 신용위험에서 자유로울 수 있다는 점으로 인하여 이에 대한 추가적인 보상을 얻게 된다. 이 신용 프리미엄은 과거 자료를 보았을 때 투자자에게 신용위험에 대한 보상보다는 높은 수준을 보였다[6].

Jarrow and Turnbull(2002)에 의하면 신용위험과 시장위험은 각각 밀접하게 연결되어 있기 때문에 각각 투자자의 전략적 자산배분에서 밀접하게 연관되어 국채와 회사채에 대한 최적 보유량을 정하게 됨을 보인 바 있다. 또한 Sangvinatsos(2004)는 최적 포트폴리오에 회사채가 미치는 영향에 대한 연구를 위하여 회사채 수익률에 대한 미국채 대비 초과수익률과 주식시장 초과수익률 간의 회귀분석을 수행하였다. 이 결과 회사채의 수익률은 국채와 주식으로 이루어진 기초 자산군에 의해 귀속되지 않으며 국채와 주식의 수익률에 대해 회사채의 수익률을 회귀 분석한 결과 잔차 부문에 대한 많은 부문이 단일 요인으로 설명될 수

---

6) 과거 실증연구에 의하면 영국 우량증권(gilt)의 조정된 위험조정 수익률은 0.7%에 불과한 반면 회사채는 1.8%, 미국의 경우 회사채의 위험조정 수익률이 국채에 비해 0.2% 높게 나타났다.(Vincent Kok(2003))

있음을 보였다. 더욱 설명하기 어려운 요소는 자산수익률을 예측하는 데 보인 것과 동일한 변수들에 의해 예측된다.

회사채와 국채, 주식 간의 예측력에 대한 시뮬레이션에서 Sangvinatsos는 회사채의 최적 비중이 최소한 주식의 비중에 비하여 높음을 증명하였다. 또한 투자 기한 효과는 상태변수들의 평균이 수렴하며, 단기투자자에 비하여 덜 위험한 장기투자자에게 자산이 이전됨으로써 모든 자산들에 대해서 커진다. 회사채는 시장 효율선(efficient frontier)을 개선하고 투자자에게 분산투자의 가능성을 제공한다는 것을 주장한다. 특히 회사채는 인플레이션 위험이 매우 작아 구성된 최적 포트폴리에 끼치는 영향이 무시할 만한 수준임을 보였다.

본 연구에서는 포트폴리오에 회사채를 추가함으로써 주식의 보유 비중이 시간에 따라 감소됨으로써 기존의 많은 실증연구와는 반대되는 모습을 보였다. 회사채가 개입되지 않은 무위험자산(국고채권)과 위험자산(주식) 간의 비중은 투자 기간이 장기화될수록 위험자산의 비중을 증가시킨다는 기존의 많은 연구에 대해 인정하게 된다. 그러나 회사채가 자산분류군으로 개입됨으로써 주식보유 비중은 [그림 II-4]에서 보이는 바와 같이 점차 증가되는 모습을 보인다.

[그림 Ⅱ-4] 국채-주식 간 자산배분에 따르는 주식 비중의 변화와
         국채-회사채-주식 간 자산배분에 따른 주식 비중의
         변화(위험기피도 $\gamma=10$)

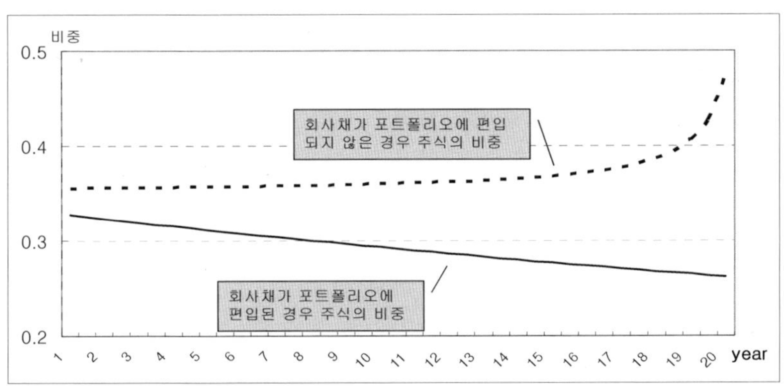

 기존의 연구에서 장기투자자일수록 주식의 보유 비중이 높아
져 간다고는 하지만 여기서 의미하는 주식은 무위험자산에 대응
되는 위험자산으로서의 의미가 크다고 본다. 그러므로 무위험자
산(국채)-위험자산(주식, 회사채)의 선택의 문제라고 본다면, 장
기적으로 위험자산의 비중을 높여 간다는 사실은 변함이 없다.

 단지 주식과 같이 기초 자산에 의해 설명되는 요인보다는 회
사채는 채권의 특성상 거시경제적 변동에 의해 민감하게 반응한
다. 특히 장기적 입장에서 보았을 때 투자자의 입장에서 시장위
험에 대응되는 헤지 수단으로서 자산의 기대 위험 프리미엄이
경기변동의 변화에 의해 측정될 때 적절한 헤지 포트폴리오를
구성할 수 있을 것이다. 그리고 이러한 점에서 연금기금 운용자
의 입장에서는 주식의 보유자산 비중보다는 회사채의 보유 비중

을 높게 가져가는 이유가 될 것이다. Sangvinatsos(2004)는 회사
채의 자산비중이 일반적으로 주식에 비해 높으며 이 자산의 헤
지 속도가 주식에 비해 빠르다는 것을 입증한 바 있다. 회사채는
보다 효율적으로 상태변수의 움직임에 대응된 헤지를 효율화시
킨다. 특히 회사채는 투자자에게 배당수익과 스프레드의 기간구
조가 결합된 위험에 대해 헤지 할 수 있는 기능을 가진다.

또한 최적 포트폴리오에는 헤지 목적을 가지는 보유자산의 동
기 외에도 투기적 목적으로의 자산보유 동기가 있다는 점을 고
려한다면 회사채를 통안 초과이윤의 획득이 시간에 따른 주식보
유 추이를 설명할 수 있을 것이다. 즉 위험자산으로 인식되는 주
식－회사채 간의 비중 추이에서 회사채의 초과수익률이 장기로
갈수록 안정적 수익을 나타내는 데에서도 주식보유 비중 감소를
이해할 수 있을 것이다.

4. 각 자산 간 상관관계의 변화에 따른 주식보유 비중 변화

지금까지 보다시피 회사채의 자산군에 대한 개입으로 장기투
자의 입장에서는 위험자산군에 대한 보유 비중의 증가를 회사채
와 주식으로 양분하여 증가시킬 수 있게 되었다. 그렇다면 이러
한 주식－회사채 간의 비중에 변화를 부여하는 요소로서 이자율
위험, 신용위험, 주식가격변동위험에 대한 상관관계를 살펴볼 수
있을 것이다.

투자만기가 길어질수록 무위험 채권 및 신용위험 채권 간의 상관관계가 점차 감소되어 갈 경우 혹은 주식과 신용위험 채권 간의 상관관계가 높아질수록 이 같은 현상이 나타날 수 있다. 다시 말해 실증적으로 보인 투자만기에 비례한 주식 비중의 확대 효과를 신용위험을 가진 회사채의 관여로 인하여 상쇄시키는 효과를 나타낸 것이라 하겠다.

Campbell과 Viceira(2002)에 의하면 일정 제약조건하에서 ρ_S 이 0보다 클 경우 위험자산의 투자 비중이 증가하게 되고 이때 VaR제약으로 인하여 위험자산의 비중 감소분에 대하여 상쇄시키는 역할을 하게 됨을 보인 바 있다. 김대욱(2006)의 연구에서도 이를 증명하고 있다. 그러나 신용위험이 자산군에 포함되었을 경우 주식, 이자율 간의 상관관계뿐이 아니라, 주식－스프레드, 이자율－스프레드 간의 관계도 고려해 보아야 한다.

아래 [그림 Ⅱ-5], [그림 Ⅱ-6], [그림 Ⅱ-7]은 주식 가격의 변동에 대한 이자율, 스프레드 간의 상관관계에 따른 주식보유 비중의 변화를 시뮬레이션 해본 것이다. 그림에서 보듯이 모든 경우에 대해 시간에 따른 주식 비중이 일정한 방향을 나타내지는 않는다.

특히 [그림 Ⅱ-5]에서 나타나듯이 주가의 변동성이 이자율과 스프레드와 독립적인 관계를 보일 경우에도 주식보유 비중은 시간에 따라 조금씩 증가되는 모습을 나타낸다는 것이 흥미롭다. 투자자의 관점에서 주식의 위험이 다른 자산들과의 상관관계가 없다고 인식할 경우, 사실 국채－회사채－주식 간의 상관관계는 모두 0이 되어버린다. 이 경우 장기투자를 목적으로 하는 연금기금의 운용자의 입장에서는 초기에 각각의 자산을 1/N 등분하여 보유하면서 매기마다 과거의 성과와 기대수익률, 위험을 조정하여 보유하는 전략을 구사할 것이다. 그렇지 않다면, 일반적인 평균-분산모형에서 독립적인 각 자산에 대한 포트폴리오를 구성하여 이에 대한 기대수익률과 위험 간의 최적화를 추구할 것이다. 어떤 방법을 적용하든 간에 투자 기한에 대해 주식의 보유비중이 감소한다는 것은 인플레이션 요인이 존재하지 않을 경우 다른 기타 자산에 비해 투자자가 인지하는 위험대비 수익률이 다소 낮다는 것이 주요 원인이 되고 있는 것이라 판단된다.

[그림 II-5] 주식-이자율 간의 상관관계(ρ_{Sr})가 0일 경우
　　　　　　주식-스프레드 간의 상관관계($\rho_{S\delta}$)의 값에 따른
　　　　　　주식보유 비중의 변화

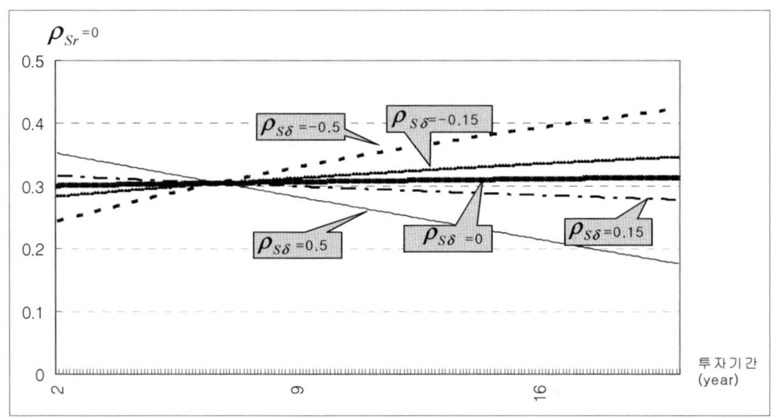

[그림 Ⅱ-6] 주식-이자율 간의 상관관계(ρ_{Sr}>0일 경우 주식-스프레드 간의 상관관계($\rho_{S\delta}$)의 값에 따른 주식보유 비중의 변화

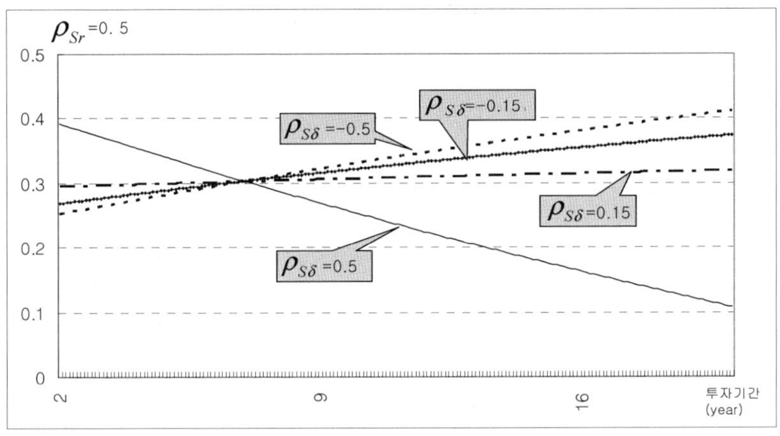

[그림 Ⅱ-7] 주식-이자율 간의 상관관계(ρ_{Sr}<0일 경우 주식-스프레드 간의 상관관계($\rho_{S\delta}$)의 값에 따른 주식보유 비중의 변화

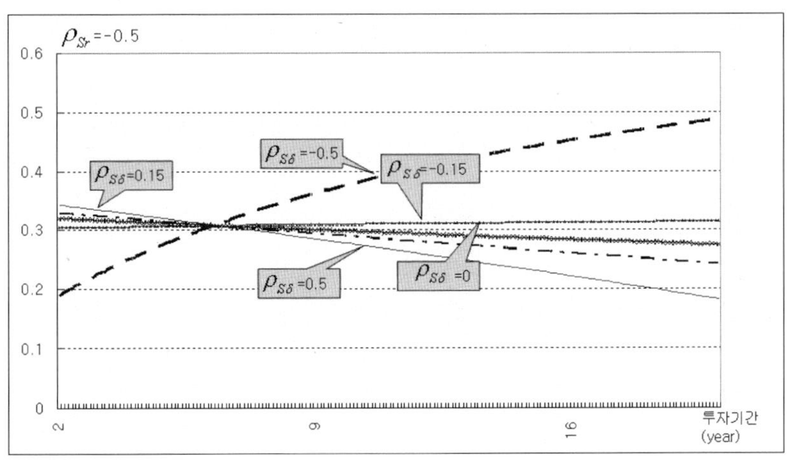

투자 기간에 따른 위험자산인 주식의 비중은 회사채와 주식 간의 상관관계에 따라 방향성을 달리하고 있다는 점을 발견하였다. 위의 그림에서 보듯이 주식 비중이 감소되는 경우의 주요 이유는 주식과 회사채 간의 상관관계에 인한 영향이 매우 크다. 즉 주식가격의 변동성과 스프레드 간의 상관관계가 0보다 작을 경우 투자자는 투자 기간이 길어질수록 주식보유에 대한 비중을 증가시켜 간다. 이는 주식의 변동성에 대한 위험을 회사채를 보유함으로써 스프레드 변동성으로 커버하고자 하는 동기에서 나타난 것이라 판단된다. 그러므로 스프레드와 주가 간의 상관관계가 양의 값을 나타낸다면 투자자는 굳이 주식을 보유하기보다는 회사채를 보유함으로써 장기적인 초과수익을 꾀하고자 하는 성향을 나타내게 되는 것이다.

그러나 일반적으로 장기투자자에게 주식의 비중을 높이도록 하는 것은 현시점에서 보유자산의 가치를 미래에도 유지할 수 있도록 하기 위한 목적이 가장 크다. 즉 인플레이션에 대한 헤지를 위한 주식보유의 목적이 있을 수 있다. 그러므로 인플레이션의 위험을 반영하였을 경우의 주식보유 비중을 검토해 볼 필요가 있다.

Ⅲ. 인플레이션 위험을 고려한 자산배분

Ⅲ. 인플레이션 위험을 고려한 자산배분

확정급부형(Defined Benefits: DB) 연금제도를 가지는 연금기금 운용자는 현재의 기금의 수익률을 미래의 연금가입자에게 지불할 의무를 가진다. 가입자에게 지급될 지급 의무액은 부채항목으로서 인플레이션에 따른 실질가치의 유지를 보장하도록 되어 있다. 이때 인플레이션이 확률적으로 나타나게 될 경우 미래 지급 의무에 대한 위험으로 작용하며 현재의 투자분에 있어서 인플레이션에 대한 헤지는 매우 중요한 부문을 차지하는 정책적 고려대상이 된다.

확정급부형 연금이란 일정 요율의 연금액을 불입하면 은퇴 후 기금의 운용성과와 관계없이 '정해진 수준'의 연금지급을 보장 받는 체계를 의미한다. 대부분의 공적연금은 이 체계를 따른다. 이때 '정해진 수준'이라는 연금액에 대한 기준이 문제가 된다. 정해진 수준이란 연금가입 시 약정된 금액을 의미하는 것인가 아니면 약정된 물가수준을 의미하는가에 따라 실질소득을 유지시켜 주는 연금액을 지급할 것인지에 대한 정의가 내려지게 된다.

대부분의 공적연금 체계는 후자의 경우 인플레이션의 위험을 운용자가 받아들이도록 하고 있다. 물가수준에 연동되어 가입 시 약속한 실질 소비수준을 유지시킬 수 있는 수준의 연금지급을 보장하고 있는 것이다. 운용자의 입장에서는 현재의 운용자산에 대하여 실질개념의 목표수익률을 달성하여야 함을 의미한다. 인플레이션에 대하여 연금 급여자가 받게 되는 실질소득은 특히 장기로 보았을 때 이에 대한 효과는 매우 크다. 기금 운용자가 얻게 되는 t시점의 수익은 명목의 개념으로 계산된다. 그러나 만일 인플레이션이 10%가 발생하였다면 연금운용자는 기대수익의 10%를 초과하여 달성하여야 급여자에게 자산의 손실 없이 연금을 지급할 수 있는 것이다.

그러므로 운용자가 자산에 대한 장기적 자산배분을 할 때 이에 대한 헤지를 반영하는 자산배분 전략을 마련하게 되는 것이다. 인플레이션 문제를 자산배분 모형에 적용한 연구로는 대표적으로 Brennan, Xia(2002)의 연구가 있다. 이들은 인플레이션율이 Ornstein-Uhlenbeck 프로세스(이하 O-U 프로세스)를 따르며 대신 리스크 프리미엄이 일정하다는 가정을 기본으로 자산배분안을 도출하였다. 또한 Campbell과 Viceira(1999)의 연구에서도 실질이자율과 기대 인플레이션이 확률과정을 따른다고 가정하고 근사적인 최적해를 도출한 바 있다. 또한 인플레이션이 확률적이라면 당연히 실질이자율 역시 확률적이다.

여기에서도 이러한 가정을 인정한 상태에서 투자 기간 증가에 따르는 주식보유 비중을 살펴보고자 한다. 우선 인플레이션이 확률과정을 가진다고 가정하고 이를 반영한 자산배분 최적화 모형을 제시할 것이다. 이후 이자율 및 인플레이션, 주식의 초과수익률에 대한 파라미터를 추정한 후, 모델에 적용하여 채권-주식 간의 투자만기에 따르는 최적 자산배분안을 제시하고자 한다. 각 최적 자산배분안은 투자자의 투기적 동기 및 각 인플레이션 위험 등에 대한 헤지 수요가 반영된 것으로서 각 자산별 비중에 대한 요인을 분해하고 그 원인을 살펴보고자 한다.

1. 인플레이션 위험을 반영한 최적화 모형

1) 모형의 구성

투자자는 만기 T에 부에 대한 자신의 효용을 최대화하기 위한 자산배분을 선택한다고 가정한다. 효용은 일정한 상대 위험기피도(Constant Relative Risk Aversion: CRRA)를 가진 효용함수로 설정한다. 한편 채권의 이자율 구조가 O-U 프로세스에 의해 묘사된다고 한다. 주식의 초과수익률 x_t는 다음과 같이 확률미분식을 따른다고 하자.

$$\frac{dS_t}{S_t} = (r_t + x_t)dt + \sigma_s dw_s \tag{3.1}$$

r_t는 단기 명목이자율(여기서는 3개월 국채 이자율 적용) 이때 주식의 초과수익률은 O-U 프로세스에 의해 묘사가능하다고 하면,

$$dx_t = \alpha(\overline{x} - x_t)dt - \sigma_x dw_S \qquad (3.2)$$

여기서 $\overline{x}$는 장기 주식 프리미엄을 의미하며 α는 기대 초과수익률의 평균 회귀 속도로 나타난다. 여기서 주가지수와 초과수익률은 '일시적'으로 완전하게 음의 상관관계라 가정한다. 이는 상대적으로 작은 기대 주가수익률에 의해 높은 주가수익률이 따라가게 됨으로써 주가지수 수익률의 평균 회귀 성향을 나타내게 된다는 것을 보여준다. 이는 Wachter(2002)의 주가지수 모델링과 동일한 방법이다. 단지 Wachter는 초과수익률 x_t 대신 위험 조정된 초과수익률(Shape Ratio)을 사용하였다는 점에서 차이를 가진다.

표준 이자율의 동적 관계는 앞장에서와 동일하게 Vasicek(1977)의 형태를 갖는 O-U 프로세스를 따른다.

$$dr_t = \kappa(\theta - r_t)dt - \sigma_r dw_r \qquad (3.3)$$

단, κ: 이자율의 평균 회귀 속도, Θ: 장기 평균 이자율

주식과 채권에 대한 두 개의 Wiener 과정 w_x, w_r은 일정한 상관관계, ρ_{Sr}를 가지며 σ_{Sr}의 공분산을 가진다. 이자율과 인플레이션의 동적 형태에 대한 가정은 Brennan과 Xia(2002)의 모델을 기본으로 설정하였으나 그들과는 다르게 단일요소로 구성된 이자율 모형을 적용한다는 점에서 차이를 갖는다. 특히 만기 τ에

있어서 할인채의 가격은

$$P(r, t, \tau) = e^{-a(\tau) - b(\tau)r} \text{로 표기되며} \tag{3.4}$$

$$a(\tau) = R(\infty)(\tau - b(\tau)) + \frac{\sigma_r^2}{4\varkappa}(b(\tau))^2$$

$$b(\tau) = \frac{1}{\varkappa}(1 - e^{-\varkappa\tau}) \text{를 의미한다.}$$

여기서 $r(\infty) = \theta + \frac{\sigma_r\lambda_r}{\varkappa} - \frac{1}{2}\frac{\sigma_r^2}{\varkappa^2}$ 로서 장기채의 만기에 대한 수익을 의미한다. 상수항 λ_r은 이자율 위험에 대한 프리미엄이다. 채권은 반드시 이자율에 대한 수의적 청구권(contingent claim)이며 Ito's lemma에 의해 채권가격의 동적 구조 B_t 역시 확률 미분 방정식으로 표현 가능하다.

$$\frac{dB_t}{B_t} = (r_t + \lambda_B)dt + \sigma_B dw_r \tag{3.5}$$

$\lambda_B = \lambda_r\sigma_B$, $\sigma_B = \sigma_r D(r, t)$, $D = -\frac{\partial B}{\partial r}\frac{1}{B}$ 를 의미하며 D 는 단기 이자율을 반영하는 이자율에 대한 채권가격의 탄력성을 나타낸다. 이 탄력성은 일반적으로 이자율에 대한 수의적 청구권 (contingent claim)의 듀레이션을 의미한다. 여기서 D>0이라 가정한다.

이는 구성된 채권 포트폴리오나 채권 지수의 듀레이션을 반영할 수 있는 것으로서 만기가 되는 채권은 언제나 새로운 장기채로 대체된다는 것을 가정한다. 또한 단기 이자율과 채권의 시가 수익률 간에는 완전한 음의 상관관계가 있어 이들 간의 공분산은 $\sigma_{Br} = -D\sigma_r^2 = -(1/D)\sigma_B^2$ 관계가 형성된다.　　　　(3.6)

투자자에게는 세 가지 투자자산 현금(예금), 주가지수, 듀레이션이 일정한 채권 포트폴리오에 대한 선택이 가능하다고 하자. 이에 따라 투자자산에 대한 분산－공분산 행렬은 다음과 같이 나타낼 수 있다.

$$\Sigma = \begin{pmatrix} \sigma_S^2 & \sigma_{SB} \\ \sigma_{SB} & \sigma_B^2 \end{pmatrix} \quad \text{여기서} \quad \sigma_{SB} = -D\sigma_{Sr} = D\rho_{Sr}\sigma_S\sigma_r$$

한편 t기의 실물소비재의 가격은 Φ_t라 표시하기로 한다. 어떤 자산의 실질가격은 가격 지수인 Φ_t에 의해 할인되어 결정된다. 그러므로 주식의 실질가치는 $\dfrac{S_t}{\Phi_t}$가 된다. 또한 소비재의 가격의 동적 형태도 다음과 같은 확률과정을 따르며, 인플레이션의 동적 형태는

$$\frac{d\Phi_t}{\Phi_t} = \pi_t dt + \sigma_\Phi dW_\Phi \qquad\qquad (3.7)$$

로 나타낼 수 있다고 하자. 여기서 π_t는 기대 인플레이션율을 의미한다.

그러므로 기대 인플레이션의 동적 형태는

$$d\pi_t = x_\pi(\overline{\pi} - \pi_t)dt + \sigma_\pi dW_\pi \tag{3.8}$$

로 나타내게 된다.

경상가격지수의 변화와 인플레이션율은 주가 및 채권이자율과 상관관계를 가진다. 주식수익률과 가격 간의 공분산 $\sigma_{S\phi}$로 표시하며 주식수익률과 인플레이션과의 공분산은 $\sigma_{S\pi}$로 나타내게 된다.

2) 인플레이션 위험을 반영한 최적 자산배분

(3.1)식, (3.2)식의 주가지수의 모형은 명목 주식수익률에 의해 나타나며 (3.3)식과 (3.5)식의 채권수익률의 모형은 명목이자율에 의해 나타난다고 가정한다. 이 식의 결합에 의해 t기의 투자자의 실질 부에 대한 극대화를 목적으로 한다.

투자자의 기대효용 $U(W) = \dfrac{1}{1-\gamma}W^{1-\gamma}$로 가정하면,

$$J(W, r, \eta, t) = Max\ EU(W^n(T)|F_t) \tag{3.9}$$
$$\{n(s) \in A(\omega), t \le s \le T\}$$

으로 나타낼 수 있다.

여기서 간접효용함수 $J(W, r, x, \pi, \tau) = I(r, x, \pi, \tau)\dfrac{W^{1-\gamma}}{1-\gamma}$ 라

고 가정한다.

이때 $I(r, x, \pi, , t) = \exp(q(r, x, \pi, \tau))$라고 할 경우

$q(t) = a(\tau) + b(\tau)r + c(t)\pi + d(\tau)x + \dfrac{1}{2} e(\tau)x^2$으로 간주할 수 있다. 이를 통하여 구해진 목적함수, 즉 간접효용함수는 앞장과 마찬가지로 다음과 같이 나타내게 된다.

$$J(W, r, \pi, x, \tau) =$$

$$\left(\begin{array}{c} \exp(a(\tau) + b(\tau)r + c(\tau)\pi + d(\tau)x + \dfrac{1}{2} e(\tau)x^2) \dfrac{W^{1-\gamma}}{1-\gamma,} \quad \gamma \neq 1 \\ \ln W \qquad\qquad\qquad\qquad\qquad , \gamma = 1 \end{array} \right)$$

$$(3.10)$$

이며 Hamilton-Jaccobi-Bellman 방정식을 적용하여 투자자의 기대 효용을 최대화 하면 간접효용함수 $J(W, r, \pi, t)$에 대해서 만기 T에 $J(W, r, \pi, T) = U(W)$를 만족하게 하는 boundary 조건을 가진다고 할 때

$$\sup_{x=(x_s, x_g)' \in R^2} \{ \mu_W WJ_W + \alpha(\overline{x} - x)J_x + x(\theta - r)J_r + \beta(\overline{\pi} - \pi)J_\pi$$

$$+ \frac{1}{2} \sigma^2_W W^2 J_{WW} + \frac{1}{2} \sigma^2_x J_{xx} + \frac{1}{2} \sigma^2_r J_{rr} + \frac{1}{2} \sigma^2_\pi J_{\pi\pi}$$

$$+ \sigma_{Wx} WJ_{Wx} + \sigma_{Wr} WJ_{Wr} + \sigma_{W\pi} WJ_{W\pi} + \sigma_{xr} J_{xr}$$

$$+ \sigma_{x\pi} J_{x\pi} + \sigma_{r\pi} J_{r\pi} + J_t = 0 \qquad\qquad (3.11)$$

로 표기할 수 있다.

위 식을 만족하는 1계 조건에 의한 최적 자산비중 n^* ($n = (n_S,\ n_B)'$)는 다음과 같이 표현된다.

$$n^* = \frac{-J_W}{WJ_{WW}} \Sigma^{-1} \binom{x}{\lambda_B} - \frac{J_{Wx}}{WJ_{WW}} \Sigma^{-1} \binom{\sigma_{Sx}}{\sigma_{Bx}} - \frac{J_{Wr}}{WJ_{WW}} \Sigma^{-1} \binom{\sigma_{Sr}}{\sigma_{Br}}$$

$$- \frac{J_{W\pi}}{WJ_{WW}} \Sigma^{-1} \binom{\sigma_{S\pi}}{\sigma_{B\pi}} + (1 + \frac{J_W}{WJ_{WW}}) \Sigma^{-1} \binom{\sigma_{S\Psi}}{\sigma_{B\Psi}} \qquad (3.12)$$

포트폴리오 비중 $n = (n_S,\ n_B)'$은 주식과 채권의 상대 보유 비중을 나타낸다. 단 여기에서는 $n_S + n_B$가 1이 된다는 보장은 없다. 그러므로 또한 $1 - n_S S - n_B B$에서 남는 잔차는 예금항목으로 처리되는 거래대기성 현금이라고 가정하자.

이에 따라 상대적 위험기피도가 일정하게 유지되는(CRRA: Constant Relative Risk Aversion) 투자자의 최적 자산배분은 다음과 같은 과정에 의해 이루어진다.

$$n^* = \left(\frac{1}{\gamma}\right) \Sigma^{-1} \binom{x}{\lambda_B} + (1 - \frac{1}{\gamma})\left(\frac{\sigma_x}{\sigma_S}\right)(d(T-t) + e(T-t)x)\binom{1}{0}$$

$$+ (1 - \frac{1}{\gamma})(\frac{b(T-t)}{D})\binom{0}{1} + (1 - \frac{1}{\gamma}) \Sigma^{-1}(c(T-t)\binom{\sigma_{S\pi}}{\sigma_{B\pi}} + \binom{\sigma_{S\Phi}}{\sigma_{B\Phi}})$$

$$(3.13)$$

단, $D = -\left(\frac{\sigma_B^2}{\sigma_{Br}}\right) = -\left(\frac{\sigma_{Br}}{\sigma_r^2}\right)$

로 나타난다. (〈부록 3〉 참조)

3) 인플레이션을 고려한 자산별 비중 실증 분석

Kalman Filtering 방법을 사용하여 자산가격 결정모형과 인플레이션의 동적 경로에 대한 파라미터를 추정한다. 이 방법론은 Havey(1989)에서 제시한 방법론으로 상태공간 형태 내에서의 모형을 표현할 수 있도록 하며 이에 따라 Kalman Filter를 사용하여 적절한 log-likelihood 함수를 구하게 된다. 이러한 추정방법은 Campbell and Viceira(2001)와 Brennan and Xia(2002)에 의해 추정한 방법으로 Pennacchi(1991)의 기간구조 추정과 기본적으로 같은 방법을 적용하였다. 이 방법은 주식의 기대 초과수익률을 일정하게 가정하고 있다는 한계를 가지고 있다. 하지만 Kalman Filter 추정방법은 적절한 전이(transition density)가 다변량 가우시안이고 적절한 측정방정식이 상태변수 내에서 선형이기에 모델의 적용에 무리함이 없다고 판단된다. 초과 기대수익률은 Harvey(1989)에서 사용된 방법을 차용한 것으로서 관측된 자료와 관측되지 못한 상태변수 간의 위상에 따른 조건부 기대치를 활용한 것이다.

상태 vector는 5개의 변수로서 $s_t(=\log S_t)$, x_t, r_t, $\psi_t(=\log \Psi_t)$, π_t이며 이는 위에서 제시된 식에 의해 도출한 것이다. Gaussian 과정의 각 파라미터는 Karatzas와 Shreve(1991; pp.354-358)에서 사용된 선형미분 방정식의 방법론을 사용하였다. 추정식은 만기 τ까지의 7개 할인채의 수익률 곡선에 대한 관측치를 이용하였다. (〈부록 5〉 참조)

$$y(t, \tau_j) \equiv -\frac{\log P(r_t, t, \tau_j)}{\tau_j} = \frac{a(\tau_j)}{\tau_j} + \frac{b(\tau_j)}{\tau_j} r_t + \widetilde{\varepsilon}_{t,j}$$

$$(3.14)$$

여기서 $\widetilde{\varepsilon}_{t,j}$은 τ_j 만기의 수익률의 잔차이며 이는 평균이 0 이고 분산이 $\sigma_{\varepsilon,j}$를 가지는 정규분포이며 독립이라고 가정한다.

모수추정을 위한 자료와 이자율, 스프레드, 주식수익률 등에 대한 자료는 앞장과 같다. 단 무위험 수익률 대비 주식의 초과수익률 부문의 자료와 인플레이션에 대한 추정 모수는 아래 표와 같다.

〈표 Ⅲ-1〉 초과수익률, 인플레이션율의 장기 균형 모수

	수렴속도	장기평균	변동성
초과수익률	0.214584 (0.89988)	−0.0051869 (−0.1282893)	0.1318 (0.0229)
인플레이션	0.489977 (0.055905)	0.001302 (0.000868)	0.0214 (0.0014)

2. 각 자산별 최적 배분 비중

1) 투자만기에 따르는 자산별 최적 자산 비중

〈표 Ⅲ-1〉에서 구해진 파라미터를 기준으로 식 (3.12)를 풀어, 투자 기한 τ, 즉 (T-t)에 대한 각 기간별 주식 및 채권의 비중

을 구해보면 [그림 Ⅲ-1], [그림 Ⅲ-2]와 같다. 간접효용함수에 따르는 자산배분안은 투기적 동기의 포트폴리오와 다른 헤지 포트폴리오 간의 조합을 어떻게 하여 최적 자산배분을 이루어내는가에 대해 그림으로 나타내어 보았다.

[그림 Ⅲ-1] 인플레이션을 반영한 주식 부문 비중 변화

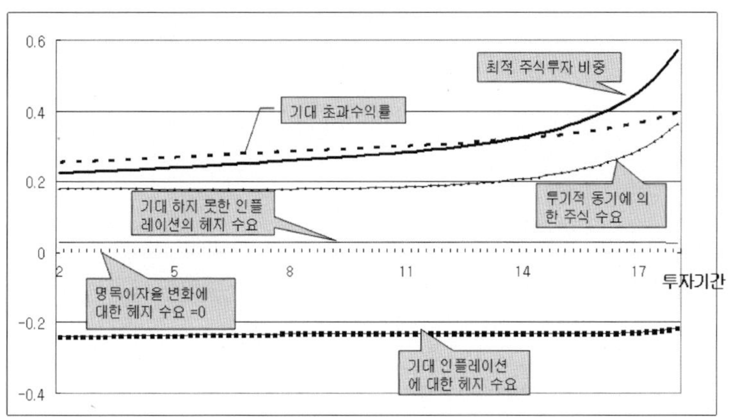

[그림 Ⅲ-2] 인플레이션을 반영한 채권 부문 비중 변화

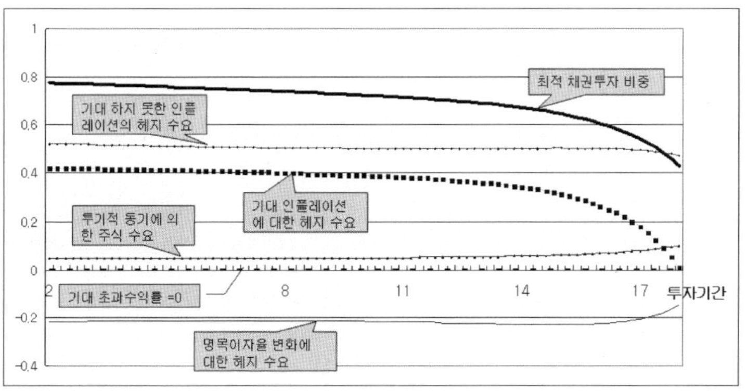

[그림 Ⅲ-1]에서 보이듯이 시간에 대한 주식의 최적 투자 비중은 투자 기한에 따라 증가되는 모습을 보인다. 특히 그림에 의하면 미래 기대 인플레이션 변화에 대하여 헤지를 목적으로 한 주식의 short 포지션 비중이 감소되는 것은 투자만기에 따른 기대 초과수익률의 감소와 밀접한 관련이 있는 것으로 보인다.

2) 최적 자산배분 요인별 구성

다시 식 (3.11)에 의한 (3.12)를 하나씩 풀어본다면 다음과 같다.

$$
\begin{aligned}
\begin{pmatrix} n^*_S \\ n^*_B \end{pmatrix} =\; & \frac{-J_W}{WJ_{WW}} \Sigma^{-1} \begin{pmatrix} x \\ \lambda_B \end{pmatrix} \\
& - \frac{J_{Wx}}{WJ_{WW}} \Sigma^{-1} \begin{pmatrix} \sigma_{Sx} \\ \sigma_{Bx} \end{pmatrix} \\
& - \frac{J_{Wr}}{WJ_{WW}} \Sigma^{-1} \begin{pmatrix} \sigma_{Sr} \\ \sigma_{Br} \end{pmatrix} \\
& - \frac{J_{W\pi}}{WJ_{WW}} \Sigma^{-1} \begin{pmatrix} \sigma_{S\pi} \\ \sigma_{B\pi} \end{pmatrix} \\
& + (1 + \frac{J_W}{WJ_{WW}}) \Sigma^{-1} \begin{pmatrix} \sigma_{S\Psi} \\ \sigma_{B\Psi} \end{pmatrix}
\end{aligned}
\qquad (3.15)
$$

식 (3.15)에서 주식 및 채권 수요는 5개의 항으로 설명될 수 있음을 나타낸 것이다. 식 (3.15)의 첫 번째 항은 로그 효용함수를 가지는 투자자의 투기적 동기의 포트폴리오를 의미한다. 즉 주식의 초과수익이나 채권의 초과수익을 목적으로 한 초과수익 비중에 따른 자산배분 효과를 나타낸다. 로그 효용함수를 가지는 투자자의 입장으로 제한된 경우 최적 포트폴리오 자산 선택은 소위 투기적 동기의 포트폴리오인 것이다. 투기적 동기는 시간에 따라 변하는 주식의 초과 기대수익률 x_t에 양의 상관관계를 갖는다. 그리고 이는 투기적 전략의 'timing' 특성을 나타낸다. 특히 기대 초과수익률은 완전하게 주가지수 수익률과 음의 상관관계이므로 투기적 동기의 전략은 주가지수가 상승할 때 하락하며 반대로 주가지수가 떨어질 경우 포지션이 올라가는 경향이 있다.

  나머지 4개 항은 각각 기대 초과수익률(두 번째 항), 정상 이자율(세 번째 항), 미래 인플레이션율의 변화(네 번째 항), 그리고 단기 기대하지 못한 인플레이션(다섯 번째 항)의 변화에 대응하는 각각의 헤지 비율을 의미한다. 하지만 식의 다섯 번째 항은 로그 효용함수를 가지는 투자자에게는 0으로 없어진다. 그러므로 다섯 번째 항은 엄밀하게 Merton모형의 입장에서 말하는 시점 간 헤지 수요가 아니다. 그러나 효용함수가 로그형태가 아닌 근시안적 투자자에게는 0이 되지 않는다. 그러므로 근시안적 투자자의 최적 포트폴리오에서는 실질 위험이 없는 단기 채권이 존재하지 않아 나타나는 부분이 된다. 정적인 평균－분산모형에서 근시안적 투자가는 다른 투자 효율선상의 최적 포트폴리오에서 선택된 위험자산을 조합하여 자신의 포트폴리오에 결합하고자 한다. 사실 다섯 번째 항은 수익률이 실질 개념에서 평가될 때 최소분산 포트폴리오를 의미할 수 있다.

  각 항에 대한 자산별 비중효과를 살펴보자면 우선 첫 번째 항은 앞에서도 언급한 바와 같이 주식의 초과 기대수익률과 채권의 만기 스프레드에 의한 초과수익에 의한 자산보유 동기를 의미한다.

두 번째 항은 주식의 미래 기대 초과수익의 변화에 대비한 헤지를 묘사하는 것이다. 포트폴리오의 적절한 헤지는 Kim and Omberg(1996), Wachter(2002)에 의해 주장된 바와 같이 전체적으로 주가지수에 의해 구성된다. 즉

$$\begin{pmatrix} \sigma_{Sx} \\ \sigma_{Bx} \end{pmatrix} = -\frac{\sigma_x}{\sigma_S}\begin{pmatrix} \sigma^2_S \\ \sigma_{SB} \end{pmatrix} = -\frac{\sigma_x}{\sigma_S}\Sigma\begin{pmatrix} 1 \\ 0 \end{pmatrix} \tag{3.16}$$

이는 다음과 같은 형태로 나타낼 수 있다.

$$-\frac{J_{Wx}}{WJ_{WW}}\Sigma^{-1}\begin{pmatrix} \sigma_{Sx} \\ \sigma_{Bx} \end{pmatrix} = \frac{J_{Wx}}{WJ_{WW}}\left(\frac{\sigma_x}{\sigma_S}\right)\begin{pmatrix} 1 \\ 0 \end{pmatrix} \tag{3.17}$$

주식기대 초과수익률의 변화에 대응된 최적 헤지는 전적으로 주식에 대한 투자로 얻어지며 이 목적을 위해 채권을 사용하지는 않는다. 이 결과는 주식 프로세스 St와 초과수익률 x_t 간의 완전 상관관계에 근거하는 것이다.

마찬가지로 세 번째 항에서도 명목이자율에 대한 헤지는 전체적으로 채권으로 포지션이 구성되어 있다. 이 헤지 항은 Canner, Mankiw and Weil(1997)에 의해 지적된 bond/stock puzzle에 대해서 설명이 가능할 것이다.

$$\begin{pmatrix} \sigma_{Sr} \\ \sigma_{Br} \end{pmatrix} = -\frac{1}{D}\begin{pmatrix} \sigma_{SB} \\ \sigma_{B}^{2} \end{pmatrix} = -\frac{1}{D}\Sigma\begin{pmatrix} 0 \\ 1 \end{pmatrix} \tag{3.18}$$

이도 역시 다음과 같은 형태로 나타낸다.

$$-\frac{J_{Wr}}{WJ_{WW}}\Sigma^{-1}\begin{pmatrix} \sigma_{Sr} \\ \sigma_{Br} \end{pmatrix} = \frac{J_{Wr}}{WJ_{WW}}\left(\frac{1}{D}\right)\begin{pmatrix} 0 \\ 1 \end{pmatrix} \tag{3.19}$$

즉 이자율의 변동에 대한 최적 헤지 포트폴리오는 전적으로 채권의 투자에 의해 이루어진다. 이는 단기 이자율에 대해서 완전한 역의 상관관계가 가능함을 가정하는 것이다. 이 같은 결과는 Brennan and Xia(2000)과 Omberg(1999), Sørensen(1999)의 연구에서 완전 시장에서의 Vasicek 모형에 의한 최적화 전략을 꾀하는 것과 동일한 것이다.

네 번째 항은 인플레이션에 대한 헤지를 나타내며 일반적으로 채권과 주식 모두를 포함한다. 이 항의 발생은 주식보유 비중 차이를 설명할 수 있는 것으로서 함수 c(T-t)로 반영되는 투자 기간 효과를 반영하기 때문이다. 무엇보다 마지막 항은 채권-주식 비중의 변화에 대해서 설명이 가능하다. Elton and Gruber(2000)에서와 같이 표준 단일 기간 평균-분산모델에서는 인플레이션의 불확실성만이 투자자들의 목적이 실질수익률이며 단지 명목 자산만을 운영할 수 있기에 Canner, Mankiw and Weil(1997)의 채권-주식 비율의 변화 문제를 설명할 수 있다고 보고 있다.

3) 만기구조에 따르는 주식수요의 변화

한편 주식 비중 n_S^*에 대하여 투자만기 $(T-t=\tau)$에 따라 식 (3.13)을 미분하면, 식 (3.20)이 도출될 수 있다.

$$\frac{\partial n_S^*}{\partial \tau} = (1 - \frac{1}{\gamma})(\frac{\sigma_x}{\sigma_S})(d'(\tau) + e'(\tau)x)$$
$$+ (1 - \frac{1}{\gamma})\left(\frac{\sigma_{S\pi}\sigma_r^2 - \sigma_{Sr}\sigma_{r\pi}}{\sigma_r^2\sigma_S^2(1-\rho_{Sr}^2)}\right)c'(\tau) \qquad (3.20)$$

본 식에서 첫 번째 항은 초과수익에 대한 평균－분산에서 나타나는 만기 기간효과와 관련 있으며 두 번째 항은 주식이 어떻게 장기투자자에게 인플레이션 위험을 헤지 하는가를 보이고 있다. (3.20)식에 대한 1차 도함수에서 장기투자자는 단기투자자에 비해 자신의 부에 주식 비중을 높게 최적화시키게 된다.

(3.20)식의 첫 번째 항에서 나타내는 부호는 시간에 대한 미분항 $d'(\tau)$와 $e'(\tau)$에 의존한다. 첫 번째 항은 Wachter(2002)의 연구와 동일한 결과를 보인다. 이자율과 인플레이션에 대한 불확실성이 없다면 Wachter(2002)는 $d'(\tau)$와 $e'(\tau)$는 모두 양의 값을 가지며 이는 첫 번째 항이 양의 값을 갖게 됨을 보이게 된다.

두 번째 항은 $c'(\tau)(= e^{-\beta t})$의 부호에 의존한다. 이 도함수는 양의 값을 갖기에 두 번째 항의 부호는 단지 $\sigma_{S\pi}\sigma_{r2} - \sigma_{Sr}\sigma_{r\pi}$에 달려 있다. 그러므로 주식과 인플레이션 간의 상관관계가 높아

$\sigma_{S\pi} > \dfrac{\sigma_{Sr}\sigma_{r\pi}}{\sigma_r^2}$ 가 된다면 주식 비중을 높게 가져가게 된다. 즉 주식과 인플레이션 증가율이 높은 상관관계를 가지고 있다면 주식이 인플레이션을 헤지 할 수 있는 적절한 도구로 사용됨을 의미한다.

사실상 채권의 경우 높은 수준의 인플레이션으로 인하여 투자기간 내내 낮은 실질수익률로 나타나게 된다. 그러므로 이 기간 동안 상대적으로 높은 수준의 주식수익률에 의해 평균적으로 수익률을 보상받고자 하여 주식이 장기적인 인플레이션 채권의 경향을 가진다. 특히 인플레이션과 주식수익률 간의 상관관계가 높다면 식 (3.20)의 두 번째 항에 대한 $c'(\tau)$ 항의 파라미터는 동일한 위험기피도를 가지는 근시적인 투자자와 장기투자자들에 대한 주식배분 간의 차이를 의미한다. 그러므로 $c'(\tau)$ 항의 계수가 작다면 기대 인플레이션율의 변화는 거의 항구적이 되며 주식의 만기효과는 단기투자자나 심지어 중기투자자에 비해서도 매우 유의적으로 장기투자자에 영향을 끼치게 된다. 한편 만일 이 계수가 크다면 기대 인플레이션율도 매우 일시적이 되며 투자 기한 효과는 인플레이션의 불확실성으로 작아지게 된다.

그러므로 주식에 대한 자산배분이 투자 기한에 대한 함수로써 증가될지는 식 (3.20)의 오른쪽의 두 개 항의 부호와 배수에 달려 있다. 첫 번째 항이 양의 값을 가지면 장기투자자에 대해 보다 높은 비중의 주식을 보유하도록 한다. 두 번째 항의 효과는 장기 인플레이션 위험에 대한 주식의 헤지 능력에 달려 있다.

위에서 지적한 바와 같이 (3.15)식의 두 번째와 네 번째 항은 단기투자자에 비하여 장기투자 기한을 가지는 투자자들이 위험한 주식에 보다 많은 비중으로 투자하여야 함을 추천하는 것이 옳음을 말해 준다. 즉 일반적으로 주식자산배분을 반영하는 정확한 투자 기한 효과는 식 (3.20)의 최적 주식 비중에 대한 시간에 따른 효과로 나타난다.

3. 인플레이션 위험을 반영한 자산배분 요인

인플레이션의 문제는 연금기금과 같은 장기투자자나 혹은 연금가입자에게 있어 실질소득을 유지하게 하는 주요한 변수로서 작용한다. 특히 인플레이션이 확률적이라 할 경우 실질소득에 대한 유지의 문제와 실질이자율에 의한 투자수익의 획득이라는 면에서 받게 되는 영향이 큰 것이다. 인플레이션에 의한 위험이 모두 연금운용자에게 주어질 경우 연금운용자는 연금 급여자에게 실질소득을 보장하는 수준의 명목 연금액을 지급하기 위하여 인플레이션에 대한 헤지를 모색하게 된다.

이 경우 물가연동 채권을 활용할 수도 있으나 투자자산 중 매우 많은 양을 물가연동 채권으로 보유할 경우 기금 운용에 대한 초과 기대수익률을 창출하기 어려우며, 무엇보다 현실적으로 물가연동 채권이 국내에는 도입되어 있지 않다는 점이 문제로 제기된다. 이 경우 운용자는 명목이자율이 주어지는 채권과 주식의 적절한 조합을 통해 초과수익률의 창출 외에 기대 인플레이션과 기대하지 못한 인플레이션에 대비하는 자산조합을 고려하게 될 것이다.

지금까지 인플레이션이 확률과정을 따를 경우 실질연금지급을 책임지면서도 명목수익률을 얻게 되는 연금기금의 운용자 입장에서의 주식 및 채권의 자산배분 과정에 대해서 살펴보았다. 인플레이션 요소를 감안할 경우, 투자 기간이 길어질수록 기대하지 못한 인플레이션을 대비한 헤지 수요가 감소하며, 이에 대신하여 무위험이자율에 대응하는 초과수익률을 창출하기 위한 투기적 거래 수요가 증가되고 있음을 발견하였다. 이는 주식의 초과수익률이 최소한 인플레이션의 증가율보다는 높을 것이라는 기대에서 비롯된 것이라 할 것이다. 이 점이 투자만기가 길수록 주식투자 비중이 높아지는 원인 중의 하나로 이해할 수 있다. 반대로 채권의 경우 기대하지 못한 인플레이션이나 기대된 인플레이션에 대한 헤지 수요가 감소되면서 채권 수요 자체가 상대적으로 감소됨을 발견할 수 있다.

둘째로 주식과 인플레이션 증가율이 높은 상관관계를 가지고 있다면 주식이 인플레이션을 헤지 할 수 있는 적절한 도구로 사용됨을 발견할 수 있었다. 사실상 채권의 경우 높은 수준의 인플레이션은 실제적으로 투자 기간 내내 낮은 실질수익률로 나타나게 된다. 그러므로 이 기간 동안 상대적으로 높은 수준의 주식수익률에 의해 평균적으로 수익률을 보상받음으로써 주식이 장기적인 인플레이션 채권의 경향을 가질 수 있다는 점이다.

4. 투자만기별 주식보유 비중 변화에 대한 소결

기존의 많은 연구에서 투자 기간이 길어질수록 위험자산에 대한 투자 비중을 높이는 경향이 있음을 보이고 있다. 또한 실무적인 투자자문에서도 투자 기간이 긴 젊은 층에게는 위험자산의 비중을 높게 잡도록 권유하는 한편, 비교적 단기의 투자를 수행하게 되는 은퇴계층이나 노년계층에게는 채권의 보유 비중을 높이도록 권유한다. 이는 기본적으로 위험자산인 주식이라 하여도 장기적으로는 물가인상률 이상의 수익이 나타날 것이라는 것을 기본으로 한다. 그러나 회사채를 포트폴리오에 개입시킴으로써 무위험자산(국채) – 위험자산(회사채, 주식)으로 자산군을 구성할 경우 주식의 보유 비중이 투자 기간에 따라 오히려 감소하는 모습을 나타내었다.

이 같은 이유는 지금까지 살펴보았듯이 크게 세 가지로 나누어 생각해 볼 수 있다. 첫째는 회사채의 직접적인 개입으로 인한 주식보유 동기를 일부 회사채로 이전된 경우이다. 실제로 제시된 모델에 회사채를 포함시켰을 때와 포함시키지 않았을 때의 경우를 비교해 본 결과 본 모델에서도 회사채가 제외된 경우 주식보유 비중은 시간에 따라 증가되는 모습을 나타내고 있다.

두 번째로는 회사채의 위험, 스프레드가 주식의 변동성, 이자율 변동성과의 상관관계가 주식보유 비중의 변화를 유도하는 요인으로 작용한 경우이다. 일반적으로 이자율과 주식수익률과는 역의관계를 가진다. 본 연구에서도 주식수익률은 이자율과 역의관계가 그리고 스프레드와는 정의관계를 나타내고 있다. 이 경우 일반적으로 주식수익률의 위험이 스프레드의 위험과 나뉘면서 이자위험을 커버하게 된다고 판단할 수 있을 것이다.

세 번째로 인플레이션에 의한 효과이다. Brennan, Xia(2002)의 연구에 의하면 주식에 대한 최적 보유량은 투자 기한에 대해 독립적임을 보인 바 있다. 그러나 회사채 부문이 자산군에 개입됨으로써 무위험 채권과 회사채 간의 절대량의 변화는 결국 주식의 비중 변화를 나타내게 된다. 특히 인플레이션 위험에 대하여 주식 비중은 각 요소별 상관관계에 크게 의존하고 있음이 발견되었다.

최적 포트폴리오 선택문제에서 운용자산만을 고려한(asset-only) 투자보다는 자산, 부채를 고려하는 투자자에게 채권이나 신용에 대한 투자는 보다 중요한 투자대상으로 인식된다. 자산이 나타내는 실질이자율에 대한 높은 상관관계 때문이다. 중가-장기의 투자에서 높은 위험조정수익률(Sharpe ratio)을 가지는 회사채의 투자는 이러한 이유로 투자자에게 매력적인 자산이 될 수 있는 것이다.

Ⅳ. 연금부채 부문을 고려한 자산배분안

Ⅳ. 연금부채 부문을 고려한 자산배분안

여기에 연기금과 관련하여서 고려하여야 할 한 가지 요소가 더 있다. 바로 부채 부문에 대한 요소가 바로 그것이다. 사실 연금기금은 무엇보다도 운용자가 안고 있는 부채의 특성에 따라 그 성격이 결정된다. 즉 연금운용자는 연금가입자에 대하여 일정 수준의 연금 보험료를 받는 것과 동시에 이들에 대한 연금급여 지급을 약속함으로써 연금제도가 결정되는 것이다. 그러므로 연금기금 운용자의 자산에 대응되는 부채에 많은 관심이 주목된다. 그렇지만 전통적인 연금기금의 자산배분 모델은 보다 포괄적인 기금의 전반적 기능의 내용을 고려하는 부채 측면을 거의 다루지 않았다. 또한 현실적으로도 많은 공적연금 체계하에서의 기금 운용자들은 연금기금의 자산배분 전략을 설계할 때 부채에 대한 고려에 대한 관심을 거의 보이지 않고 있는 것도 사실이다.

이러한 이유는 PAYG방식을 제외한 기금적립방식의 공적연금 체계는 대부분 부분적립방식을 채택하고 있기 때문이다. 이는 기업연금이나 연금보험 등과 같이 기금관리자로 하여금 가입자에 대한 급여의 지급을 보유자산의 운용을 통한 완전책임을 부여하지 않는다는 특징이 있다. 이는 공적연금의 한 특징으로서 노령 세대에 대한 급여의 지급이 보유자산의 운용분과 제도적 차원에서의 후세대로부터의 이전이 어느 정도 절충되어 있는 형태를 취하는 모습을 가진다. 그러나 기금 운용자는 현실적으로 연금제도와 독립하여 운용자산에 대한 책임만을 부여받게 됨으로써 부채에 대한 고려를 거의 하지 않는다. 그러나 Healey and Rozenov(2004)의 경우를 예로 들면 미국 200개의 대형 DB연금을 조사한 결과 주식의 보유 비중이 1991년에는 48%에서 2001년도에는 57%로 증가되었음을 보여주었다. 또한 대체투자부문도 크게 증가하는 모습을 발견한 바 있다. 이는 2000년도에 들어서면서 연금지급에 대한 수요가 높아짐에 따라 이를 지탱할 수익률을 얻기 위한 방안으로 보인다. 즉 장기적으로 부채에 대한 고려를 하지 않음에 따라 단기의 지급 의무에 대한 청산을 위한 위험자산의 비중을 크게 증가한 모습을 의미하는 것이라 하겠다.

현실적으로 연금기금과 관련한 자산배분 전략을 수립하는 데 있어서 일반적으로 두 가지의 입장 중 하나를 택하여 전략을 수립하게 된다. 첫째는 연금기금이 가지는 자산과 부채를 고려하여 이를 일치시키기 위한 최적 수익률을 산출하고 위험을 최소화하도록 전략을 구사하는 방법이다. 둘째는 부채 부문에 대한 고려 없이 주어진 기금자산에 대한 정책적인 제약조건하에서 투자자의 효용이나 기금의 위험조정수익률을 극대화하는 방법이 있다. 장기투자자의 입장에서 자산배분 전략을 마련하는 데에는 주로 후자의 경우를 기반으로 하고 있다. 당연한 문제지만 연금기금의 입장에서 부채에 대한 고려는 매우 중요한 문제이다. 연금 채무의 추정을 위하여 보장급부채무(Vested Benefit Obligation, VBO), 누적급부채무(Accumulated Benefit Obligation, ABO) 및 예측급부채무(Projected Benefit Obligation, PBO) 가운데 어느 하나의 측정기준에 부합되는 부채개념이 필요하게 된다.

Chernoff(2003)에 의하면 연금기금은 고전적인 시장 효율선 방법으로 자신들의 수익률을 최대화하지 못한다고 한다. 올바른 방법은 연금부채에 연금의 자산을 일치시키는 것이라 주장한다. Ito(1995)는 연금기금의 목적이 연금의 부채를 지탱하기 위한 자금의 운용임에도 연금운용자는 이와는 다른 투자경향을 나타내고 있음을 발견하였다. 반면 Peskin(1997)은 자산-부채 운용을 수행하는 DB 연금기금을 조사해본 결과 자산수익률 극대화를 위한 운용과는 큰 차이가 있는 운용을 하고 있음을 보였는데 이는 결국 적절한 자산-부채 운용은 위험을 감소시키고 운용주체로 하여금 비용을 최소화하도록 하고 있음을 증명하였다.

본 연구에서는 자산과 부채를 동시에 고려하는 최적 자산배분 전략을 마련하고자 한다. 사실상 부채란 연금기금과 같은 기관투자자에게 있어서 포트폴리오를 구성함에 있어서 사전적으로 제약된 요소로서 실질이자율과 인플레이션 위험을 가지는 음의 비중으로 간주할 수 있을 것이라는 데에서 모델을 설정할 수 있다고 본다.

이를 위해 본 모델은 우선 Campbell과 Viceira(2005)의 '수익-위험의 기간구조'를 적용하여 완전부채를 고려한 자산배분안을 살펴보고, 이후 부채의 발생이 일정 부문 제도적 부문으로 간주하여 이 중 기금의 운용이 책임질 부문을 설정하여 운용되는 부문 부채를 고려한 모형을 제시하고자 한다.

1. 부채의 정의 및 측정

연금제도에서 의미하는 부채란 제도 내에서 장래 지급이 발생될 가입자를 고려하여 향후 발생하게 될 급여의 총액을 현재가치로 할인한 값을 의미한다. 부채를 추정하는 여러 방법이 있으나 일반적으로 PBO(Projected Benefit Obligation) 방식을 표준적으로 고려한다. PBO 방식은 지급예상액의 증가를 고려하여 장기에 걸친 연속된 투자를 가정할 경우 적절한 방법으로 알려져 있다. (〈부록 8〉 참조)

Sharpe(1976)과 Treynor(1977)은 DB형식의 연금부채는 기업의 재무제표에서 언급하는 부채와 다르지 않다는 점에 주목한 바 있다. 즉 기업상 주주로 의미되는 연금조합 가입자는 연금에 펀딩한 것에 대해 책임을 진다. 이 책임은 유한책임이며 연금제도의 부채량은 궁극적으로 기금 내 위험자산을 보유하도록 유인하는 역할을 한다. 즉 기금의 수익률이 양의 값을 나타내면 미래 납부액을 낮출 수 있기 때문이며, 가입자들은 수익률이 음인 경우에는 회사의 총 자산을 초과하는 책임은 지지 않음으로써 결과적으로 운용회사의 자산은 제도적으로 충분하게 적립되지 못하는 단점을 보인다.

2. 완전 부채를 감안한 자산배분

표준적인 평균 분산모델에서 자산의 위험은 자산의 전체 포트폴리오의 가치에 대한 변동성으로 나타난다. 그러나 여기에는 부채에 대한 공분산도 함께 고려되어 계산된다.

$$Cov(R_{iT}, S_T) = Cov(R_{iT}, A_T) - Cov(R_{iT}, L_T) \qquad (4.1)$$

사실 부채에 대해서 완전한 고려를 한 투자의 포트폴리오는 자산의 잉여분 S_T에 대해서 음이 되는 Shortfall을 가정하기 어렵다. 그러므로 자산의 포트폴리오를 찾는 최선의 방법은 우선적으로 부채에 대한 헤지가 그 목적이 되어야 한다. 그리고 이후 잔여 잉여로 포트폴리오의 수익-위험 구조를 갖춘 자산별 투자 비중을 설정하게 된다. 이 경우 완전부채에 대한 헤지와 이후 잉여에 대한 고려를 염두에 두는 것으로서 기본적으로 over-funded를 전재로 한 것이다. 그러나 실제 많은 연금기금들은 under- funded되어 있으므로 실무적으로 전략적 자산배분에 대해 고려할 때 shortfall 가능성을 염두에 두어 이것이 일정수준을 초과하는 것에 대한 제약 조건을 부여하는 방식을 취한다. 그렇지만 이 방법은 모든 shortfall이 VaR보다 크다는 데에 문제가 있다. 즉 Shortfall의 비용은 절대 크기에 따라 증가함으로써 크기에 따라 Shortfall에 일종의 패널티를 가하는 방법을 사용하기 어렵게 한다. 완전 부채를 고려하는 Campbell과 Viceira의 장기자산배분 모델을 예로 들어보

자. 사실 이들의 모델은 자산에 대한 최적 투자를 그 대상으로 한 것이다. s 기간 동안의 투자자에 주어진 평균-분산 문제는 아래와 같이 나타난다.

$$Max \ln E_t[1 + R^{(s)}_{A,\,t+s}] - \frac{1}{2}\gamma\sigma^2_A(s) \qquad (4.2)$$

여기서 $R^{(A)}_{A,\,t+s}$는 t기에서 t+s기까지의 자산의 누적수익률을 의미하며, $\sigma^s_A(A)$는 t기간 동안의 로그화된 자산의 조건부 변동성을, 그리고 $\alpha_t(s)$는 각 자산별 비중을 의미한다. 평균 분산 문제의 이 공식은 s기간의 투자 기한 동안 부의 멱효용함수를 최대화시키는 문제와 동일하다. 투자자는 자신의 최적 자산포트폴리오를 첫 기에 선택하고 이후에는 조정을 하지 못한다고 가정한다. 이는 투자자로 하여금 자산에 대한 시간분산(time-diversifications)으로부터의 이득을 얻을 수 있게 한다. 최적 포트폴리오에 대한 폐쇄 해를 구하기 위해 Campbell과 Viceira(2005)는 (4.2)식을 근사해로 도출하여 다음과 같이 나타낼 수 있음을 보였다.

$$Max E_t[r^{(s)}_{A,\,t+s}] + \frac{1}{2}\sigma^2_A(s) - \frac{1}{2}\gamma\sigma^2_A(s) \qquad (4.3)$$
$$n_t(s)$$

$r = \ln(1+R)$이며, $r^{(s)}_{i,\,t+k} = \sum_{l=1}^{s} r_{i,\,t+l}$

로그선형 근사해 방법을 적용한 logarithmic 포트폴리오 수익률은 아래와 같이 나타낼 수 있다.

$$r^{(s)}_{A,\,t+s} = r^{(s)}_{tb,\,t+s} + n' \,\widetilde{x^{(s)}_{t+s}} + \frac{1}{2}\,n'_{\,t}(s)\,\sigma^2_x(s)$$

$$-\frac{1}{2}\,n'_{\,t}(s)\,\Sigma_{xx}(s)\,n_{\,t}(s) \tag{4.4}$$

Campbell과 Viceira(2005)에 의하면 $\widetilde{x_t}$는 부채항 x_0를 포함한 초과수익률의 벡터이며

$$\Sigma_{xx}(s) = Var(\,\widetilde{s^{(s)}_{t+s}}\,),$$

$$\sigma^2_x(s) = diag(\Sigma_{xx}(s))$$를 의미하고 있다.

장기투자자에게 국채수익률은 더 이상 무위험수익률이 아니기에 포트폴리오의 변동성은

$$\sigma^2_A(s) = \sigma^2_{tb}(s) + n'_{\,t}(s)\,\Sigma_{xx}(s)\,n_{\,t}(s) + 2n'_{\,t}(s)\,\sigma_{tb,\,x}(s) \tag{4.5}$$

여기서 $\sigma_{tb,\,x}(s)$는 s기의 3개월 단기 국채의 초과 로그수익률의 공분산벡터를 의미한다.

(4.3)의 평균 분산모형을 (4.4), (4.5)식에 대입하면 2차 최적화 해를 도출할 수 있다.

$$n^*_{\,t}(s) = \frac{1}{\gamma}\,\Sigma^{-1}_{xx}(s)\,(\mu_{\,t}(s) + \frac{1}{2}\,\sigma^2_x(s)) - (1 - \frac{1}{\gamma})\,\Sigma^{-1}_{xx}(s)\,\sigma_{tb,\,x}(s)$$

$$\tag{4.6}$$

잘 알려져 있다시피 포트폴리오는 두 가지 요소로 구성된다. 하나는 투기적 동기이며 또 다른 하나는 헤징 수요 요소이다. 무한 위험 기피도($\gamma \to \infty$)를 가지는 투자자는 GMV(Global Minimum variable) 포트폴리오에 투자를 하게 된다.

이러한 Campbell과 Viceira의 모형을 근거로 부채항에 대한 사항을 추가하여 보기로 한다. Leibowitz, Kogelman and Bader (1994)에 따르면 펀드비율(funding ratio)의 수익률 관리를 통한 의한 자산－부채모형은 적용 가능함을 보이고 있다. 펀드비율은 자산대비 부채의 비율로 나타낸다. 이 펀드비율의 로그수익률은 자산의 수익률에서 부채의 수익률을 뺀 값과 같다.

$$R_F = R_{(\frac{A}{L})} \tag{4.7}$$

$$r^{(s)}_{F,t+s} = r^{(s)}_{A,t+s} + r^{(s)}_{L,t+s}$$

기금 운용자의 입장에서 자산만을 고려한 투자자와 자산－부채를 고려한 투자자 간의 차이는 자신들의 수익률을 인식하는 차이가 될 것이다. 자산만을 고려한 투자자는 인플레이션의 초과하는 수익에 대해서만 고려한다. 그러나 자산－부채를 고려하는 투자자는 부채를 초과하는 수익률을 고려하게 된다. 양 자산에 대하여 3개월의 국채를 벤치마크로 제시할 경우 펀드비율의 수익률은 다음과 같이 나타난다.

92

$$r^{(s)}_{F,t+s} = n' \widetilde{x^{(s)}_{t+s}} - x^{(s)}_{0,t+s} + \frac{1}{2} n'_t(s) \sigma^2_x(s)$$

$$- \frac{1}{2} n'_t(s) \Sigma_{xx}(s) n_t(s) \tag{4.8}$$

여기서 x_0는 3개월 단기 국채수익률과 관련한 부채의 초과수익률을 의미한다. 부채가 완전하기 가격 인플레이션에 의해 지수가 된다고 가정하자. 이 경우 소위 자산-부채 간 mismatch risk 로 불리는 펀드비율 수익률의 변동성은

$$\sigma^2_F(s) = \sigma^2_0(s) + n'_t(s) \Sigma_{xx}(s) n_t(s) + 2n'_t(s) \sigma_{0,x}(s) \tag{4.9}$$

로 나타난다.

자산-부채를 동시에 고려하는 투자자에 대한 최적화 문제는 아래와 같이 나타낼 수 있다.

$$\underset{n_{t(s)}}{Max\, E_t[\, r^{(s)}_{F,t+s}]} - \frac{1}{2}(\gamma - 1) \sigma^2_F(s) \tag{4.10}$$

이에 대한 최적화 해를 구하면

$$n_t(s) = \frac{1}{\gamma} \Sigma^{-1}_{xx}(s)(\mu_t(s) + \frac{1}{2} \sigma^2_x(s))$$

$$+ (1 - \frac{1}{\gamma}) \Sigma^{-1}_{xx}(s) \sigma_{0,x}(s) \tag{4.11}$$

이상에서 보듯이 자산-부채를 동시에 고려하는 투자자의 투기적 동기 요소는 자산만을 고려하는 투자자의 그것과 동일하다. 차이는 헤지 요소에서 나타난다. 최적의 부채에 해당되는 포트폴리오는 mismatch risk를 최소화하는 포트폴리오가 된다. 자산만을 고려한 투자와 자산-부채를 고려한 투자의 보유 비중의 차이는 국채를 매입하여 보유하는 대신 부채에 대하여 매도 포지션을 취한다는 점이다. 그러나 부채는 그 자체로 투자 불가능한 종목이다. 즉 투자자는 위험자산에 대한 투자는 가능하나 위험벤치마크에 대한 투자는 하지 못한다. 완전시장에서 최적의 부채 헤지 포트폴리오는 위험 부채에 완전하게 일치하는 TIPS(인플레이션 인덱스 채권) 포트폴리오로 구성되게 된다.

현실적으로 인플레이션 인덱스 채권(TIPS)을 매입하기에는 국내에 시장이 존재하지 않는다는 점과 둘째로는 운용기금에 대해 인덱스 채권을 다량 보유함으로써 갖게 되는 유동성의 제약이 실제 공적연금에서 급여를 지급해야 하는 입장에서는 인내하기 어려운 수준이 될 우려가 있다는 문제가 있다. 또한 TIPS가 공적연금기금의 적절한 투자대상이 되기 위해서는 연금가입자의 기여수준이 향후 연금수급자가 되었을 경우 받게 되는 급여액을 커버할 수 있어야 한다는 전재가 필요하다.

그러나 현실적으로 공적연금기금의 기금관리자의 입장에서는 향후 지급하여야 할 부채를 고려한 필요수익률과 제도의 유지를 위한 목표수익률 간의 불균형이 존재한다는 것이다. 현실적으로 많은 공적연금의 경우 기금관리자의 입장에서 부채 측면을 고려한 전략적자산배분이 제대로 수행되지 못하고 있다. 이러한 이유는 우선적으로 부채를 고려하는데 다른 방법론들은 all or nothing접근법[7]을 요구하기 때문이며, 공적연금의 특성상 기금운용만으로는 커버할 수 없는 사회보장적 영역까지 책임을 져야 하기 때문이라 생각된다.

3. 부문 부채를 고려한 연금기금의 자산배분

국가체제 내에서 후세대로부터 이전되는 부분을 고려한 기금운용방식을 채택함으로써 부채를 감당할 만한 적절한 목표수익률을 달성하기가 어렵다. 특히 대부분의 국민이 대상으로 되는 사회보장성 연금일 경우 부채추정 대상이 매우 포괄적으로써 잠재부채의 규모가 매우 커지며, 이에 대한 청산의무가 운용자에게 주어져 있지 않는다.

MacCurdy & Shoven(1999)에서 지적된 바와 같이 미국의 경우에도 투자다변화를 통해 연기금의 운용수익률을 높이더라도 연기금의 중장기 재정건전성문제는 해결하기 어렵다는 연구가 제기된 바 있다. MacCurdy & Shoven은 미국 OASDI 기금을 대상으로 한 기금의 운용수익률이 제도자체의 안정성에 주는 영향

---

7) 민간연금기관의 경우 자산배분의 기본을 부채 측면을 고려하는 ALM 방식을 적용하여 목표수익률을 산출해 내는 all liability를 채택한 반면, 펀드를 운용하는 입장에서는 주어진 자산하에서 수익−위험의 최적점을 도출하는 것으로서 부채를 고려하지 않는다.

에 대해서 연구한 결과 기대수익률이 높은 주식투자 비중을 늘리더라도 기금고갈 가능성을 해결하기에는 역부족임을 보이고 있다.

Sharpe(1976)과 Black(1980)에 의하면 기금의 관리자(sponsor)는 자산을 투자함에 있어서 부채를 초과하는 수익을 기대하고 있음에도 불구하고 이것이 가치의 창조를 의미하지는 않는다고 주장한다. 그러나 공적연금의 경우 기금 운용을 통해서만 양의 Net Cash Flow를 안정적으로 유지한다는 것은 불가능하다. 즉 연금제도 개선의 개선을 통해 필요수익률과 현실적 수익률 간의 차이를 보전할 필요가 있다.

[그림 Ⅳ-3] 공적연금제도의 목표수익률 설정(안)

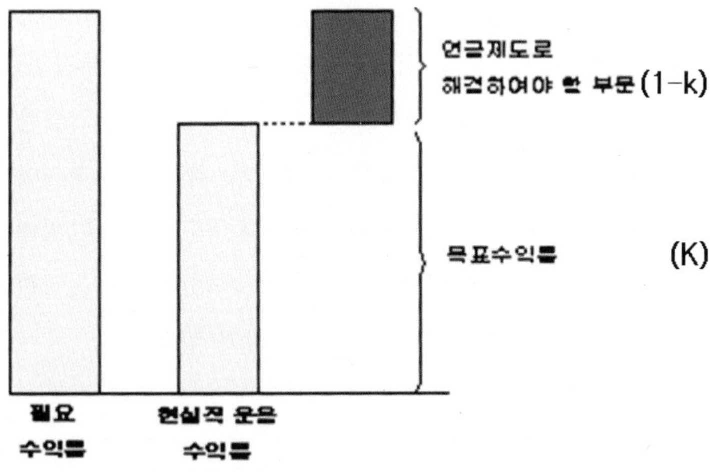

그러므로 DB연금의 경우 누적된 기금에서의 제도에 대해 책임지는 영역과 제도 자체적 개선으로 담당할 영역 간의 비율이 필요하다. 이러한 이유로 공적연금의 경우 부채를 고려한 장기 자산배분안을 수립하는 데 있어서 기금 운용에서 책임질 부분과 제도적 차원에서 접근할 부분으로 나누어 기금의 자산배분에 반영하는 방법을 제안하고자 한다. 즉 부채를 고려하는 데 현재 자산에 대한 funding ratio를 적용함에 있어, 자산배분상 이에 대한 적절한 비중을 설정하도록 하는 방법이다. 예를 들어 funding ratio에 대한 가중치를 0으로 할 경우 일반적인 운용자산배분을 최적화하도록 하는 것이며 한편, 기준치를 1로 설정할 경우 ALM모형에서와 같이 부채를 완전 고려한 기금의 잉여 부문을 최적화하는 모형으로 설정된다.

이같이 자산-부채 간의 적절한 비중을 설정하여 투자전략을 수립한 연구로 Sharpe & Tint(1990)의 연구가 있다. 그들은 연금기금 운용에 관련된 투자전략을 수립하기 위해 고려하여야 할 부채에 대하여 일정 부문 반영하도록 한다. 연금기금은 잉여(S)의 적절한 측정은 연금기금의 자산(A)의 가치로부터 적절한 부채의 개념(L)에 일정한 상수(k)를 곱한 값과 같다.

$$S = A - kL \qquad\qquad (4.12)$$

그러므로 연금의 잉여에 대한 수익률은 Sharp와 Tint에 의해 다음과 같이 정의된다.

$$\widetilde{R}_S \equiv \frac{dS}{A} = \widetilde{R}_A - k\frac{L}{A}\widetilde{R}_L \qquad (4.13)$$

$\widetilde{R}_A$: 연금자산의 수익률 $\widetilde{R}_L$: 적정부채의 증가율
L/A는 funding ratio의 역수로서 여기서는 1/F로 표기하게 된다.

만일 k가 0이라면 전통적인 asset only 최적화 방법론을 적용한 것과 같은 것이며 k=1이라면 완전 ALM을 적용한 잉여 최적화 방법론이 적용되는 것이다. 만일 0⟨k⟨1이라면 k는 연금부채에 대한 중요성에 의존한다. 이 방법은 연금기금 운용자가 극단적 사례를 피할 수 있도록 할 것이다.

연금기금은 자산만을 거래하여 투자하는 것으로 가정한다. 경제 내에서 거래 가능한 자산을 두 가지로 구분할 수 있다. 시장 포트폴리오에서 하나는 위험자산으로서 t기의 위험자산의 가격 P_t은 다음과 같은 동적 수익률을 나타낸다.

$$\frac{dP_t}{P_t} = (r + \mu P_t)dt + \sigma_{P_t}dw_P \qquad (4.14)$$

여기서 μ_{P_t}는 위험자산과 관련된 일시적인 시간 가변적 기대 위험 프리미엄을 의미하며 σ_{P_t}는 위험자산의 시간 가변적 일시 표준편차를, dw_P는 위험자산 가격의 Wiener 과정을 나타낸다. 다른 하나의 자산은 이자율 r을 가지는 단기 무위험 채권이다.

다음으로 우리는 연금기금의 부채(L_t)의 증가율이 확률적 편미분 방정식을 따른다는 동적 형태를 가정한다.

$$\frac{dL_t}{L_t} = \mu_L dt + \sigma_{L_t} dw_L \qquad (4.15)$$

μ_{L_t}는 일시적인 시간 가변적 연금부채를 의미하며 σ_{L_t}는 연금부채 증가율에 대한 시간 가변적인 일시 표준편차를, dw_L은 부채의 Wiener 과정을 나타낸다.

연금자산부채를 모델링 하는 데 확률적 상태로서의 연금체계를 상정하였다. 이는 확률 미분방정식에 의해 묘사되는 연금부채의 증가율의 동적 형태는 매우 강해 보인다. 하지만 연금부채가 인플레이션과 강한 양의 상관관계가 있음을 가정한 것으로서 인플레이션이 확률적이므로 부채 역시 확률적 일 수밖에 없다.

기대 초과수익률과 위험자산에 대한 조건부 확률 변수는 시간에 따라 확률적으로 변화한다. 투자기회는 시간 가변적[8])이다. 우리는 일시적 변수 프로세스를 다음과 같이 정의한다.

---

8) 투자기회가 매 기간마다 동일한 경우 투자자의 최적 자산구성은 한 기간만 생존하는 근시안적 투자자가 선택하는 자산구성과 동일하다. 그러나 투자기회가 시간에 따라 변화한다면 변수가 특정한 값을 갖는 경우를 제외하고는 최적 자산구성과 소비에 대한 명시적인 해(closed form solution)를 구할 수 없다. 대신 Campbell and Viceira(1999, 2001)가 제시한 방법을 적용하여 근사해 방법으로 구할 수 있다.

$$\sigma^2_{P_t} = X_t^{-\frac{1}{\beta}} \tag{4.16}$$

그리고 상태변수 X_t는 평균회귀모형을 따른다는 점은 앞의 장에서와 같다.

$$dX_t = \varkappa_X(m - X_t)dt + \sigma\sqrt{X_t}dw_X \tag{4.17}$$

시간 가변적 투자기회조합은 상태변수로부터 유추되는 것으로 이는 경제변수와 시간에 따른 확장효과를 가진다. 인플레이션율이나 다른 거시경제변수의 변동성이 상태변수의 한 예이다. 투자기회조합은 본 모델에서 상태변수 X_t로 나타난다. (4.17)식에 Ito's lemma를 적용하면 식 (4.18)에서 보이는 확률 미분방정식을 따르는 평균회귀과정에 대한 가정과 직접적으로 동일하다.

$$\begin{aligned}
\frac{d\sigma^2_{P_t}}{\sigma^2_{P_t}} &= [\frac{1}{\beta}\varkappa_X - \frac{1}{\beta}\varkappa_X\sigma^{2\beta}_{P_t}(m - \frac{1}{2}\frac{1+\beta}{\beta}\frac{\sigma^2}{\varkappa_X})]dt \\
&\quad - \frac{1}{\beta}\sigma(\sigma_{P_t})^\beta dw_X \\
&= [\frac{1}{\beta}\varkappa_X(m - \frac{1}{2}\frac{1+\beta}{\beta}\frac{\sigma^2}{\varkappa_X})] \\
&\quad \cdot [(m - \frac{1}{2}\frac{1+\beta}{\beta}\frac{\sigma^2}{\varkappa_X})^{-1} - \sigma^2_{P_t}]dt \\
&\quad - \frac{1}{\beta}\sigma(\sigma_{P_t})^\beta dw_X
\end{aligned}$$

$$\equiv \varkappa_{X_{\sigma^2_{P_t}}}(m_{\sigma^2_{P_t}} - \sigma^2_{P_t})dt - \frac{1}{\beta}\sigma(\sigma_{P_t})^\beta dw_X \qquad (4.18)$$

여기서 $\varkappa_{X_{\sigma^2_{P_t}}} = (1/\beta)\varkappa_X \cdot m^{-1}_{\sigma^2_{P_t}}$를 의미하며 $m_{\sigma^2_{P_t}} = \{m - (1/2)[(1+\beta)/\beta](\sigma^2/\pi)\}^{-1}$을 의미한다. 여기서 논리의 단순화를 위해 $\beta=1$로 가정하며, 연금기금의 부채에 대한 시점 간 증가율에 대한 일시적 표준편차 $\sigma_{L_t} = X^{\frac{1}{2}}_t$로 가정한다. 이에 따라 $\sigma^2_{p_t} = \frac{1}{X_t}$이며 $\sigma^2_{L_t} = X_t$로 가정된다. 여기에 숨겨진 기본 아이디어는 최적 통화정책이 인플레이션과 산출 변동성 사이에 상쇄된다는 것을 근거한 것이다. 그러므로 (Taylor, 1979; Fuhrer, 1997, Lee, 2002 등) 반대방향으로 나타나는 인플레이션과 생산성(output)의 통합 충격은 생산성과 인플레이션 사이의 상쇄를 보인다는 것이 증명되었다. 세계의 많은 국가에서 가격안정성을 유지하는 것을 목표로 한 정책에서 인플레이션과 장기 통화정책 목표를 타겟으로 삼고 있다. 만일 정책입안자들이 시간에 따라 인플레이션을 낮게 유지하고자 한다면 인플레이션은 덜 변동적이지만 반대로 생산성은 불가피하게 크게 흔들리게 될 것이다. 목표의 변경은 시간에 따른 통화정책의 변경에 기인한다. 그리고 인플레이션 변동성의 평균 회귀 현상을 일으키게 된다. Lee(2002)는 bivariate GARCH 모델에서 생산성과 인플레이션의 조건부 변동성 간에 역의 상관관계가 있음을 보여주었다. 이러한 이유로 생산성의 주식과 같은 위험자산을 가정하고 인플레이션 변동성 (X_t)을 $\sigma^2_{p_t} = \frac{1}{X_t}$로 가정한다.

상태변수로서의 인플레이션 변동성과 $\sigma^2_{L_t} = X_t$의 상관관계

가 있음을 가정한다. 연금기금의 부채가 인플레이션과 양의 상관
관계가 있음을 인식하고 있기 때문이다. 그러므로 인플레이션 변
동성의 증가는 종종 연금기금의 지출의 증가에 대한 불확실성을
높이며 이는 연금기금의 부채에 대한 변동성을 증가시킨다. 결과
적으로 만일 상태변수가 인플레이션 변동성이라면 연금부채와
상태변수 사이의 양의 상관관계가 존재한다는 가정을 직관적으
로 할 수 있다.

앞장에서부터 최적 자산배분을 도출하기 위한 방법으로 value
function (J)를 최대화하여 기대수명 동안 효용을 극대화하는 것
이 연기금 운용자의 목표로 상정하여 왔다. 지금까지의 일반적인
효용함수와는 달리, 연금부채를 감안한 경우 운용자의 효용함수
는 연금부채와 관련한 지급급여에 대한 효용을 포함하게 된다.
이때 지급급여는 기금 운용기관에 의해 '보증된' 수익으로 연금
가입자에게 인식되며 이 보증된 수익을 획득하기 위한 시점 간
대체탄력성이 효용함수의 주요 변수로 작용되는 것을 가정으로
한 효용함수를 상정한 것이다.

그러므로 효용함수 $f(Y_\tau, J_\tau)$에서 보증된 수익 (Y_τ)는 정규
화된 집합을 의미하며 효용함수 $f(Y_\tau, J_\tau)$는 아래와 같이 표현
된다.

$$f(Y_\tau, J) = \rho\left(1 - \frac{1}{\varphi}\right)^{-1}(1-\gamma)J\left[\left(\frac{Y}{((1-\gamma)J)^{\frac{1}{1-\gamma}}}\right)^{1-\frac{1}{\varphi}} - 1\right]$$

$$(4.19)$$

여기서 γ는 상대적 위험기피를 나타내는 계수이며 ρ는 시간 선호율, φ는 시점 간 대체탄력성을 의미한다. 이러한 기대생애 효용을 최대화하는 것이 목적으로서 이를 위해 시점 간 예산제약조건이 제약조건으로 제시된다.

$$J = E_t[\int_t^{\infty} f(Y_\tau, J_\tau) d\tau] \tag{4.20}$$

대체탄력성에 대한 고려는 다음 장으로 미루고 일반적으로 각 대체탄력성이 일정하다는 가정하에서 자산배분의 제약조건은 다음과 같이 나타낼 수 있다.

$$dS_t = \left[(n_t \mu_{p_t} + r)A_t - k\frac{1}{F}\mu_L A_t - Y_t \right]dt$$
$$+ n_t \sigma_t A_t dZ_P - k\frac{1}{F}\sigma_L A_t dw_L \tag{4.21}$$

여기서 S_t는 연금기금의 잉여분을 의미하며 n_t는 t기에 위험자산에 투자하는 연금기금의 부문을 나타낸다.

위 식 (4.20), (4.21)에 대한 최적화 해는 다음과 같다.

$$0 = \{f(Y_\tau, J_\tau) + J_S \left[n\mu_{P_t} A_t + rA_t - k\frac{1}{F}\mu_L A_t - Y_t \right]$$
$$+ J_X \varkappa_X (m - X_t)$$

$$+\frac{1}{2}J_{SS}(n^2\sigma^2_{P_t}+k^2\frac{1}{F^2}\sigma^2_{L_t}$$

$$-2k\frac{1}{F}n\sigma_{P_t}\sigma_{L_t}\rho_{PL})A^2_t+\frac{1}{2}J_{XX}\sigma^2 X_t$$

$$+J_{SX}(n\sigma\sqrt{X}_t\sigma_{P_t}\rho_{PX}-k\frac{1}{F}\sigma_{L_t}\sigma\sqrt{X}_t\rho_{LX})A_t\}$$

$$(4.22)$$

이에 대한 1계 조건은

$$Y_t=J_S^{-\varphi}J^{\frac{1-\varphi}{1-\gamma}}\rho^{\varphi}(1-\gamma)^{\frac{1-\varphi\gamma}{1-\gamma}} \tag{4.23}$$

$$n^*_t=\frac{-J_S}{J_{SS}A_t}\frac{\mu_{P_t}}{\sigma^2_{P_t}}+\frac{-J_{SX}}{J_{SS}A_t}\frac{\sigma\sqrt{X}_t\sigma_{P_t}\rho_{PX}}{\sigma^2_{P_T}}$$

$$+k\frac{1}{F}\frac{\sigma_{P_t}\sigma_{L_t}\rho_{PL}}{\sigma^2_{P_t}} \tag{4.24}$$

표 (4.24)에서 보듯이 동적 형태의 최적 자산배분 전략은 세 가지 요소로 구성되어 있다. 첫째는 M-V 포트폴리오 비중으로서 이는 단일 기간 동안 투자자의 투자 혹은 일시적인 투자기회 조합의 조건을 근거로 한다. 둘째는 투자조합의 변화에 대응되는 헤지를 추구하게 되는 수요로서 시점 간 헤지 수요이다. 헤징수요는 위험자산과 가치함수와 연결된 시점 간 변화율을 반영하는 시간 가변적 상태변수의 '베타'를 구성함으로써 결정된다. 세 번째 부문은 연금기금의 부채의 변화에 대응되는 부채헤징으로부터 발생하는 수요이다. 연기금의 부채헤징 수요는 위험자산을 반영한 연기금 내의 '베타'의 산출에 의해 결정되는데 여기에는 펀딩비율의 역의 함수에 대한 상수항 k가 중요한 요소로 작용한다.

4. 시점 간 대체탄력성 반영

앞에서 언급된 바와 같이 동적 형태의 최적 자산배분 전략은 세 가지 요소로 구성되어 있다. 특히 장기투자자의 입장에서 위험자산에 대한 투자 비중을 결정할 때 위험대비 초과수익률의 크기뿐만 아니라 장기간에 걸쳐 안정적 수익을 낼 수 있는가 매우 중요한 기준으로 작용한다. 그러므로 식 (4.24) 중 두 번째 요소인 시점 간 헤지 수요(intertemporal hedging demand)가 장기투자자의 자산구성이 단기투자자의 자산구성과 달라질 수 있는 근거가 될 수 있다. 즉 장기투자자의 전략적 자산구성에서는 시점 간 헤지 기능을 강하게 가진 자산이 중요한 비중을 차지하게 된다.

Merton(1993)에 따라 시점 간 문제에 대한 서수적 선호체계가 있음을 가정한다. 여기에서는 Duffie and Epstein(1992)이 평균회귀 효용함수의 평균에 의한 연금기금의 효용을 적용한 바 있다. 이 효용함수는 상대적 위험기피계수로부터 시점 간 대체되는 파라미터의 탄력성을 분리하는 표준화되고 시간 식별 가능한 몍 효용함수의 일반형이다.

Chacko and Viceira는 시점 간 대체탄력성이 일정할 경우 위험자산의 비중은 전통적 M-V모형에 의한 요소에 시점 간 헤지 수요 요소를 더한 최적 자산배분안을 도출한 바 있다. Chacko와 Viceira에 의하면 전체 포트폴리오에서 위험자산이 차지하는 최적 비중 n^*는

$$n_t^* = \frac{1}{\gamma}(\mu - r)y_t + (1 - \frac{1}{\gamma})(-\rho)\sigma\frac{A}{1-\gamma} \qquad (4.25)$$

로 표현하고 있다. 즉 위험자산의 최적 비중은 두 가지 요소의 합으로 나타나는데 첫 번째가 M-V 포토폴리오 이론으로 적용되는 소위 근시적(myopic) 형태의 비중 요소이며 두 번째가 Merton의 시점 간 헤지에 의한 요소를 의미한다.[9]

그러므로 식 (4.25)에 대한 φ 항을 보다 일반화하기 위하여 다시 Bellman 방정식으로 돌아가 1차 미분 항을 대체하면

$$0 = f(Y(J), J) - J_S Y(J) - \frac{1}{2}\frac{(J_S)^2\mu_{P_t}^2}{J_{SS}}X_t$$

$$+ J_{Sr}A_t - J_S k\frac{1}{F}\mu_L A_t$$

$$+ J_X\pi(m - X_t) - \frac{1}{2}\frac{(J_{SX})^2\sigma^2\rho_{P_t}^2}{J_{SS}}X_t$$

$$- \frac{1}{2}J_{SS}k^2\frac{1}{F^2}A_t^2\rho_{PL}^2 X_t$$

$$+ \frac{1}{2}J_{SS}k^2\frac{1}{F^2}A_t^2 X_t + J_S k\frac{1}{F}A_t\mu_{P_t}\rho_{PL}X_t$$

$$+ J_{SX}k\frac{1}{F}A_t\rho_{PX}\sigma\rho_{PL}X_t \qquad (4.26)$$

---

9) Chacko와 Viceira(2002)는 시점 간 헤지 요소가 존재하지 않을 경우를 세 가지로 들고 있다. 투자기회들이 일정할 경우($\sigma = 0$), 시간에 따라 가변적이지만 투자자들이 위험자산을 투자기회에 맞추어 헤지를 변화시키지 못할 경우($\rho = 0$), 투자자들의 위험기피도가 1일 경우 ($\gamma = 1$)일 경우이다.

$$+\frac{1}{2}J_{XX}\sigma X_t - \frac{J_S}{J_{SS}}J_{SX}\rho_{PX}\sigma\mu_{P_t}X_t$$

$$-J_{SX}k\frac{1}{F}A_t\rho_{LX}\sigma X_t$$

만일 $\varphi=1$일 때 함수의 형태가 $J(S_t,X_t)=I(X_t)\dfrac{S_t^{1-\gamma}}{1-\gamma}$ 인 해를 가정한다면, 일반적인 미분방정식은 $I=\exp(Q_0+Q_1X_t)$ 형태로 표시할 수 있을 것이다. 이 식이 성립한다면 Q1.과 Q0에 대한 두 개의 식으로 표현이 가능하게 된다.

이제 우리는 간접효용함수를 구하고 시점 간 연기금 운용을 위한 동적 최적 자산배분 전략을 구할 수 있다. (〈부록 4〉 참조)

간접효용함수는 아래와 같다.

$$J(S_t,X_t)=I(X_t)\frac{S_t^{1-\gamma}}{1-\gamma}=\exp(Q_0+Q_1X_t)\frac{S_t^{1-\gamma}}{1-\gamma}$$

$$(4.27)$$

이때 최적 동적 자산배분 전략은

$$n_t^*=\frac{1}{\gamma^\iota}\frac{\mu P_t}{\sigma^2{}_{P_t}}+\frac{Q_1}{\gamma^\iota}\frac{\sigma\rho_{PX}}{\sigma^2{}_{P_t}}+k\frac{1}{F}\frac{\sigma_{P_t}\sigma_L\rho_{PL}}{\sigma^2{}_{P_t}}$$

$$(4.28)$$

하지만 아직까지는 두 가지의 문제로 이에 대한 해를 구하기가 쉽지 않다. 첫째는 위험자산과 관련한 시간 가변적 일시적 기대 리스크 프리미엄(μ_{P_t})의 조합을 고려하지 못하며, 둘째는 위의 식이 $\varphi=1$인 경우에만 해가 도출될 수 있는 매우 특별한 케이스이기 때문이다. 그러므로 위험자산 μ_{P_t}와 연관된 시간 가변적 시점 간 기대 위험 프리미엄을 구성하기 위하여 우리는 μ_{P_t}를 $\mu_{P_t}=\mu_0+\mu_1\,\sigma_{p_t}^{2}$로 가정한다. 이후 우리의 모델을 계산하기 위하여 앞에서 계산된 결과 주변의 해를 섭동법(攝動法: perturbation method)을 사용한다.

Judd and Guu(1997, 2000), Kogan and Uppal(2000), Chako and Viceira(2002) 역시 이를 사용하여 동적인 경제모델이나 재무모델을 풀고자 하였다. 섭동법의 기본 아이디어는 우리가 해를 알고 있는 특수한 케이스를 발견하게 된다는 조건에서, 이 조건을 기반으로 하여 근사해를 계산하기 위한 출발점으로 제약식들을 조금씩 변화시켜가면서 실제 해에 가깝도록 구하는 것이다. 이 접근법은 암묵적으로 함수이론인 Taylor 확장의 한 적용이다.[10]

본 연구에서는 φ가 1일 때를 기준으로 이를 출발점으로 삼아 확장하는 형태로 회귀 효용함수에 대한 해를 구하고자 한다.

$$0=-\frac{\rho^{\varphi}}{1-\varphi}I^{1+\frac{1-\varphi}{1-\gamma}}+\frac{\varphi}{1-\varphi}\rho I$$
$$+\frac{1}{2}\frac{I}{\gamma}\left(\mu_o^2 X_t+\mu_1^2\frac{1}{X_t}+2\mu_0\mu_1\right)$$

---

10) 물리학에서는 이를 '건드림 방법'이라 하여 답을 알고 있는 계 (S)에 약간의 건드림 (P)가 있을 경우 S가 P에 의해 얼마나 변하는지를 어림하는 방법을 의미(「물리학 용어집」, 한국물리학회)

$$+I_n - k\frac{1}{F^2}\iota\mu_L I + I_X\frac{1}{1-\gamma}n(m-X_t)$$

$$+\frac{1}{2}\frac{(I_X)^2}{I}\frac{\sigma^2\rho^2_{PX}}{\gamma}X_t$$

$$+\frac{1}{2}k^2\frac{1}{F^2}\iota^2 I\gamma\rho^2_{PL}X_t - \frac{1}{2}k^2\frac{1}{F^2}\iota^2 I\gamma X_t$$

$$+k\frac{1}{F}\iota I\rho_{PL}(\mu_0 X_t+\mu_1) \qquad (4.29)$$

$$+k\frac{1}{F}\iota I_X\gamma\rho_{PL}\sigma\rho_{PL}X_t + \frac{1}{2}I_{XX}\frac{1}{1-\gamma}\sigma X_t$$

$$+\frac{1}{\gamma}I_X\rho_{PX}\sigma(\mu_0 X_t+\mu_1) - I_X k\frac{1}{F}\iota\rho_{LX}\sigma X_t$$

일반적으로 이 수식은 폐쇄형으로 계산될 수 없다. 그 대신 한 가지 접근법은 φ가 1일 때 확장이 시점 간 대체탄력성 주변의 1차 확장식으로 얻어짐에 의해 나타나는 식에 대한 근사해로의 접근법을 얻는 것이다.

$$I^{1+\frac{1-\varphi}{1-\gamma}} \approx I + I^{1+\frac{1-\varphi}{1-\gamma}}\log(I\cdot\frac{-1}{1-\gamma})|_{\varphi=1}(\varphi-1)$$

$$= I + \frac{1-\varphi}{1-\gamma}I\log I \qquad (4.30)$$

앞에서와 마찬가지로 $I=\exp(Q_0 + Q_1\log X_t + Q_2 X_t)$라 가정하면, (4.30)식을 (4.29)식에 대체함으로써 우리는 다음과 같은 해의 형태를 구할 수 있다.

$$I = \exp(Q_0 + Q_1\log X_t + Q_2 X_t)$$

$$\approx \exp\{Q_0 + Q_1[-\log n + \log(nm - \sigma^2)$$

$$+ 1 - \frac{nm - \sigma^2}{n} X_t] + Q_2 X_t\} \tag{4.31}$$

여기서 두 번째 근사항 등식은 확률적 변동성 과정을 나타내는 장기 평균치 $m_{\sigma^2_{P_t}} = \{m - (1/2)[(1+\beta)/\beta](\sigma^2/n)\}^{-1}$ 주변에서의 1차 Taylor 확장식을 통해 식 (4.18)에서 얻어진다. 이로부터 우리는 간접효용함수를 유도해내고 φ가 1이라는 제약조건 없이 연금기금 운용자를 위한 동적인 최적 자산배분 전략을 구성할 수 있다.

이상의 가정과 식을 통해 도출된 간접효용함수는 다음과 같다.

$$J(S_t, X_t) = I(X_t)\frac{S_t^{1-\gamma}}{1-\gamma}$$

$$= [\exp(Q_0 + Q_1 \log X_t + Q_2 X_t)]\frac{S_t^{1-\gamma}}{1-\gamma} \tag{4.32}$$

그리고 시점 간 연금기금 운용을 위한 최적 동적 자산배분 전략은

$$n^*_t = \frac{1}{\gamma^t}(\mu_1 + \mu_0 \frac{1}{\sigma^2_{P_t}}) + \frac{1}{\gamma^t}\sigma\rho_{PX}(Q_1 + Q_2 \frac{1}{\sigma^2_{P_t}})$$

$$+ k \frac{1}{F} \frac{\sigma_{P_t} \sigma_{L_t} \rho_{PL}}{\sigma^2_{P_t}} \tag{4.33}$$

로 표현될 수 있다.

5. 시점 간 대체탄력성과 부채를 동시에 고려한 자산배분안

위험자산과 연계된 연기금의 최적 동적 자산배분 전략은 앞에서 언급한 바와 같이 세 가지의 구성요소를 가진다. 우선 첫 번째로 근시적 요소의 연관성은 단순하다. 이는 시간 가변적 변동성과 상대적 위험기피도가 감소되는 것에 대응하는 선형(affine) 함수이다. 변동성이 시간 가변적이기 때문에 근시적 구성요소 역시 시간 가변적이다. 근시적 요소의 위치는 양의 값이나 음의 값 모두 가능하며 이는 μ_0, μ_1, 그리고 변동성의 수준에 달려 있다.

식 (4.29), (4.30)에 대해서 Q_0, Q_1, Q_2에 대해서 풀어 정리하면

$$\begin{aligned}
Q_2^2 &\left(\frac{1}{2} \frac{\sigma^2 \rho^2_{PX}}{\gamma} + \frac{1}{2} \frac{1}{1-\gamma} \sigma^2 \right) + Q_2 \left(- \frac{\rho^\varphi}{1-\gamma} \right. \\
&\left. - \frac{1}{1-\gamma} \pi + x \iota \rho_{PX} \sigma \rho_{PL} + \frac{1}{\gamma} \rho_{PX} \sigma \mu_0 - x \frac{1}{F} \iota \rho_{PL} \sigma \right) \\
&+ \frac{1}{2\gamma} \mu_0^2 + \frac{1}{2} x^2 \frac{1}{F^2} \iota^2 \gamma \rho^2_{PL} \\
&+ x \frac{1}{F} \iota \mu_0 \rho_{PL} - \frac{1}{2} x^2 \frac{1}{F^2} \iota^2 \gamma = 0
\end{aligned} \tag{4.34}$$

$$Q_1^2 \left(\frac{1}{2} \frac{\sigma^2 \rho_{PX}^2}{\gamma} + \frac{1}{2} \frac{1}{1-\gamma} \sigma^2 \right)$$
$$+ Q_1 \left(-\frac{\rho^\varphi}{1-\gamma} \frac{\pi m - \sigma^2}{\pi} + \frac{\pi}{1-\gamma} m \right.$$
$$\left. - \frac{1}{2} \frac{1}{1-\gamma} \sigma^2 + \frac{1}{\gamma} \rho_{PX}\sigma\mu_1 \right)$$
$$+ \frac{1}{2\gamma} \mu_1^2 = 0 \tag{4.35}$$

$$Q_2 \left(\frac{\pi}{1-\gamma} m + \frac{1}{\gamma} \rho_{PX}\sigma\mu_1 \right)$$
$$+ Q_1 \left(\frac{\rho^\varphi}{1-\gamma} \log \pi - \frac{\rho^\varphi}{1-\gamma} \log(\pi m - \sigma^2) \right.$$
$$+ \frac{\rho^\varphi}{1-\gamma} - \frac{\pi}{1-\gamma} + x\frac{1}{F} \iota\rho_{PX}\sigma\rho_{PL}$$
$$\left. + \frac{1}{\gamma} \rho_{PX}\sigma\mu_0 - x\frac{1}{F} \iota\rho_{PX}\sigma \right) - Q_0 \left(\frac{\rho^\varphi}{1-\gamma} \right)$$
$$+ Q_1 Q_2 \left(\frac{1}{\gamma} \sigma^2 \rho_{PX}^2 + \frac{1}{1-\gamma} \sigma^2 \right) - \frac{\rho^\varphi}{1-\varphi} + \frac{\rho^\varphi}{1-\varphi} \rho$$
$$+ \frac{1}{\gamma} \mu_0\mu_1 + r\iota - x\frac{1}{F} \iota\mu_L + x\frac{1}{F} \iota\rho_{PL}\mu_1 = 0 \tag{4.36}$$

로 정리할 수 있다. (〈부록 4〉 참조)

위험자산에 대한 최적 자산배분의 시점 간 헤지 요소는 계수 Q_1, Q_2를 지는 시간 가변적 변동성을 갖는 함수로써 선형(affine) 함수이며 상대적 위험기피도는 감소된다. Q_1, Q_2가 식 (4.34), (4.35)에서 보이듯 두 독립적인 2차방정식의 해로 나타난다. 이에 따라 Q에 대한 해는 근의 공식에 의거해 두 개의 근으로 표현될 수 있다. 반면, Q_0는 Q_1, Q_2가 주어진 상태에서의 해이다(4.36).

Q_1의 상관관계수를 갖는 경우, 위험기피도 γ가 1보다 크다면 식 (4.34)는 2차방정식에 따라 서로 반대되는 두 개의 실근을 갖는다. 더욱이 value function J는 (4.34)의 식에서 식별자의 음의 근으로 구성된 해에 의해 유일하게 극대화된다. Q_2에 대한 2차방정식의 근도 γ가 1보다 크다면 $\left| \mu_o (\frac{1}{\gamma^\iota})(\frac{F}{k}) + \rho_{PL} \right| > 1$ 로서 실수 값이 된다. 이 두 근도 역시 반대 부호이기에 2차방정식의 양의 근으로 구성된 해가 가치함수를 극대화시킨다.

Q_1이 0보다 크다면 γ가 1보다 크고 ρ_{PX}가 0보다 클 때 시점 간 헤지 요소를 나타내는 수요함수의 부호는 양이 된다. 이 양의 값을 갖는 헤지 요소는 변동성의 수준과는 독립이며 부분적으로는 확률적 변동성의 효과로부터 나타나는 반대 헤지 수요에 대해서 반대의 움직임을 보일 것이다. 최적 자산배분에서 위험자산과 관련한 시점 간 헤지는 위험자산의 기대하지 못한 수익률과 상태변수 간의 일시적 상관관계인 ρ_{PX}에 의해 영향받는다. 이는 또한 $-\rho_{P_{\sigma_{Pt}^2}}$와 같은 값으로서 이는 위험자산의 확률적 변동성 내에서 비례적인 변화와 기대하지 못한 수익률 간의 상관관계를 의미한다. 만일 ρ_{PX}가 0보다 커서, 즉 $\rho_{P_{\sigma_{Pt}^2}}$이 0보다 작으면 위험자산의 기대하지 못한 수익률은 낮아지게 될 것이며 시장 불확실성의 상태는 높아질 것이다. γ가 1보다 크며 Q_2가 0보다 작을 때 위험자산의 기대하지 못한 수익과 상태변수 사이의 양의 일시적인 상관관계는 연금기금이 위험자산의 변동성을 변화시키는 데에 따른 시점 간 부의 헤지 수요에 의해 특징지어진다. 이는 변동성이 증가하는 데 따른 헤지 능력이 부족한데에서 기인한다.

Liu(2001), Chako and Viceira(2002)에서도 동일한 논의가 발견된다. 하지만 일반적 모델에서 연금기금의 부채 역시 Q_2에 의한 계수를 통하여 시점 간 헤지 요소에 영향을 주게 된다. 앞서 우리는 연금기금의 부채의 증가율과 상태변수의 일시적 상관관계 ρ_{LX}를 가정하였다. 이는 $\rho_{P_{\sigma^2_{Lt}}}$와 같은 값이며 $\sigma_{L_t} = X_t^{1/2} \rho_{P_{\sigma^2_{Lt}}}$라 하여 이 값은 연기금의 부채에 대한 증가율과 확률적 변동성에 대한 일정 부문 변화율 간의 상관관계를 의미한다. 시점 간 헤지 요소의 확률적 변동성의 영향으로 인한 부의 헤지 수요의 크기는 γ가 1보다 클 때 연금기금의 부채의 증가율과 확률적 변동성 간의 일정 비율 간의 일시적 상관관계를 가지며 증가한다.

Q_2가 0보다 작기에 $(round Q_2 / round \rho_{LX}) = (round Q_2 / round \rho_{L_{\sigma^2_{Lt}}}) < 0$. 여기서 일시적 상관관계의 증가는 Q_2의 가치를 증가시키며 시점 간 헤지 요소의 확률적 변동성의 효과에 따른 반대방향의 헤지 수요를 증가시킨다. 이는 결국 연금기금의 부채가 높은 수준의 증가율을 나타냄에 따라 불확실성이 증가되어 연금기금은 위험자산의 비율을 위험 헤지 목적으로보다 반대적인 입장으로 대체하게 됨을 의미한다.

여기서 헤지 요소는 서로 다르게 분리된다. 하나는 부채에 대한 헤지 요소로서 연금기금부채에 대한 직접적인 효과를 갖는다. 위험자산과 연계된 최적 자산배분의 부채 헤지 요소는 확률적 변동성에 대응하는 선형함수이다. 이 부채 헤지 요소는 funding ratio의 역의 함수 및 부채에 일정비율, 위험자산의 기대하지 못한 수익률과 연금부채의 증가율 간의 일시적 상관관계에 의존한다.

보다 중요한 것은 부채의 헤지 요소는 근시적 요소와 상대적 위험기피도를 감소시키는 시점 간 헤지 요소와도 같지 않다는 것이다. 사실 이는 둘 다 위험기피도나 선호체계와는 독립적이다. 반대로 funding ratio에 의존한다. 펀딩비율이 높으면 부채 헤지 요소는 낮아진다. 이는 연금기금 부채와 관련된 배수가 낮아질수록 그러한 위험에 대한 헤지 필요성이 작아진다는 것이다. ([그림 IV-1] 참조)

부채에 대한 헤지 요소는 기대하지 못한 위험자산의 수익률과 연금부채의 증가율 간의 일시적 상관관계에 의존한다. 부채 헤지 요소에 대한 배수는 이들의 일시적 상관관계의 절대적 가치를 증가시킨다. 일시적 상관관계가 양의 값을 가지면 연금기금은 부채 헤지 요소와 관련하여 위험자산을 양의 포지션을 가진다. 이는 반대로 부채의 변화에 대한 부분적 헤지의 변화를 증명한다. 만일 일시적인 상관관계가 0에 가깝다면 위험자산의 수익률은 연금기금 부채의 증가율과는 상관관계를 갖지 않는다. 그러므로 위험자산은 부채의 증가에 대한 어떠한 헤지를 할 능력이 없으며 부채에 대한 헤지 요소는 불필요하다. 여기에서는 funding 비율에 붙는 상수 k의 중요성에 대해서 이에 대한 특별한 고려 없이 일반모델을 제시하였다. k=0일 때 연금기금의 동적인 자산배분 전략은 asset-only 최적화의 경우가 된다. 하지만 본 모델에서는 연금부채에 대한 상수의 중요성이 0에서 1 사이에서 변화될 경우를 고려한 것이다. 연금부채에 대한 헤지 욕구가 클수록 k는 보다 중요해지며 보다 높은 비율로 헤지 요소를 설정하게 된다.

① Funding Ratio

Funding Ratio란 자산대비 부채의 비율을 의미하는 것이다. 확정급부형 연금의 경우 기금적립비율은 보유자산의 계리적 평가가치에 의해 커버되는 부채 가치의 비율로 평가일마다 변동할 수 있는 함수로 나타난다. 사실 연금기금의 문제에 있어서 기금적립비율은 각 평가일마다 연금제도의 재무적 건전성을 측정하는 신뢰할 만한 척도여야 하지만, 자산과 부채 가치평가를 위한 가정들과 방법들의 선택에 크게 의존하기 때문에 유일하게 결정되기는 어렵다.

그러나 연금기금의 경우 부채의 산정은 PBO 방식을 일반적으로 채택하며 잠재부채 산출은 발생부채 개념 중에서 임금상승률에 대한 현실적인 가정은 물론 최소가입 기간 미충족 가입자에 대한 별도의 확률적 고려를 포함하게 된다. 그러나 이 경우 부채에 대한 계정이 과대하게 측정됨에 따라 몇몇 공적연금에서는 수정된 PBO 방식을 적용하고 있다. '수정된 PBO'에 의한 잠재부채 산출은 발생부채 개념 중에서 임금상승률이 반영된 PBO 개념을 기본으로 하되, 최소가입 기간 미충족 가입자에 대한 별도의 확률적 고려는 하지 않는, 즉 인정의무는 발생시키지 않도록 하는 방법이다.

이 경우 국내 주요 연금 중의 하나인 국민연금을 예로 들면 2003년 말 기준 총 부채는 261조 원이며, 이 중에서 112조 원이 적립되어 있어 적립수준(funding level : 적립수준/총 부채)은 43% 가량으로 측정되었다. 바꾸어 말하면 총 부채 대비 57%인 148조 원이 미적립되어 있는 상태로 남아 있다는 의미이며 이로 인하여 총 부채에 대해서 기금이 책임지는 부문, 즉 k를 0.5 정도로 설정하여 보았다. 이에 대한 자세한 세부 자료는 〈부록 8〉에 첨부하였다.

[그림 Ⅳ-4] Funding ratio에 따르는 주식보유 비중 추이

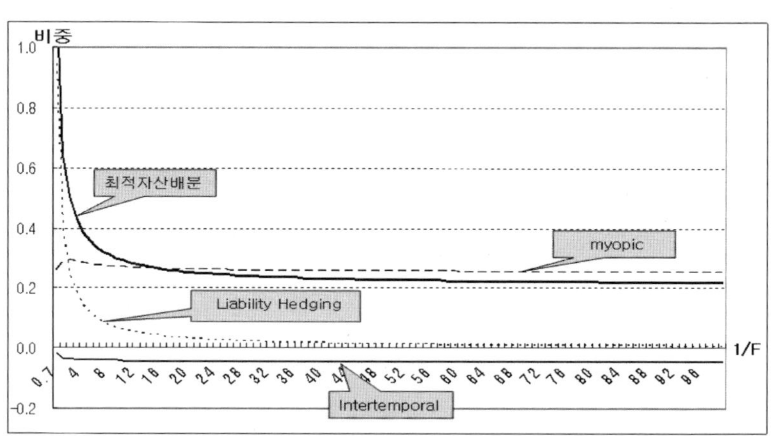

[그림 Ⅳ-2]에서 보듯이 Fund ratio에 대한 분담비율이 낮아질수록 주식의 최적보유 비중은 myopic한 투자계획으로 인한 주식보유 비중과 일치되고 있다는 사실이 발견된다. 이는 기본적으로 시점 간 선호 요인에 의한 주식보유 비중이 분담비율이 낮을수록 함께 낮아지는 것이 그 원인으로 보인다.

② 연금기금 운용자의 위험기피성향에 따른 주식 부문의 보유 비중 변화

위험기피도에 따르는 주식보유 비중의 변화는 투자자의 기피도
가 증가할수록 자산 비중을 감소시키는 모습을 나타내고 있다. 그
러나 위험기피도가 증가한다고 해서 부채에 대한 헤지 비중은 변
화시키지 않는 모습을 나타낸다. 연금부채 추정에 대한 기준으로
알려져 있는 PBO 방식으로 부채를 측정할 경우 국내의 연금기금
의 성격상 funding ratio가 매우 작아(국민연금=0.34) 시점 간 대
체탄력성과 부채에 대한 헤지를 거의 고려하지 못하기 때문이라
여겨진다. 또한 위험기피도의 증가에 따르는 주식 비중의 감소는
거의 전적으로 근시안적 투자에서의 비중 감소에 기인한 것으로서
기타 헤지 수요와는 무관한 모습을 보인다.

[그림 Ⅳ-5] 위험기피도에 따르는 주식보유 비중 추이

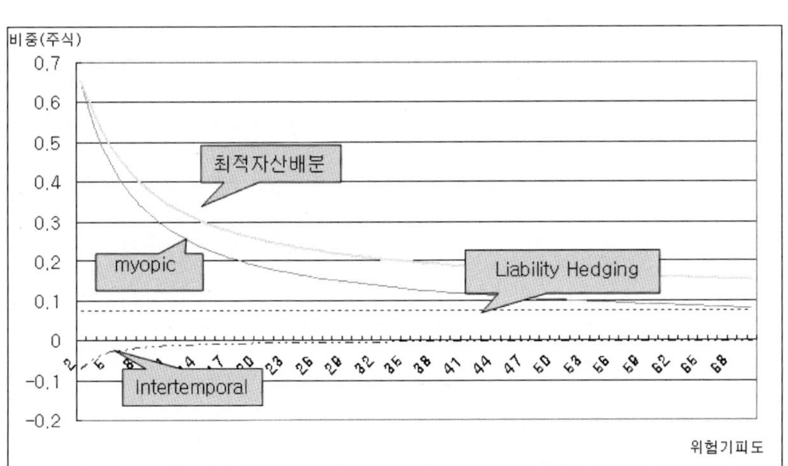

③ 연금기금 제도의 분담비율에 따르는 주식보유 비중 추이

k=0일 경우, 즉 연금제도 운용에 있어서 기금이 분담하는 부문이 없을 경우 당연한 얘기이지만 기금 운용에 대한 liability 헤지는 필요가 없다. 모든 부채는 제도적 측면에서 PAYG 방식이나 혹은 세금에 의해 연금 가입자에게 급여를 책임지기 때문이다. 또한 이 경우 연금기금의 운용은 1기간 모형과 동일해짐으로써 근시안적 시각에서의 자산보유 비중과 동일한 구조를 가지게 된다.

점차적으로 연금기금의 운용에 의한 제도의 책임분이 증가되면서 기금의 최적 자산배분은 부채에 대한 헤지 요소가 개입되고 이에 따라 주식의 보유 비중은 근시안적 투자 비중에 비해 높아지게 된다. 이 같은 결론은 Ⅲ장에서 나타났다시피 주식의 보유로 인한 실질수익률이 다기간일수록 보장된다고 믿음으로써 보유부채에 대한 실질가치를 인플레이션에 의해 변동되지 않도록 하고자 하는 전략이 반영된 것이라 하겠다. k>0일 경우 연금기금의 운용이 전체 연금 가입자에 대한 급여의 책임을 감당하여야 할 목표로 운용되게 되어 가입자에게 지급하여야 할 연금부채를 헤지 하기 위한 자산배분 노력이 k의 증가에 비례하여 나타나게 된다.

[그림 Ⅳ-6] 제도에 대한 분담률에 따르는 주식보유 비중 추이

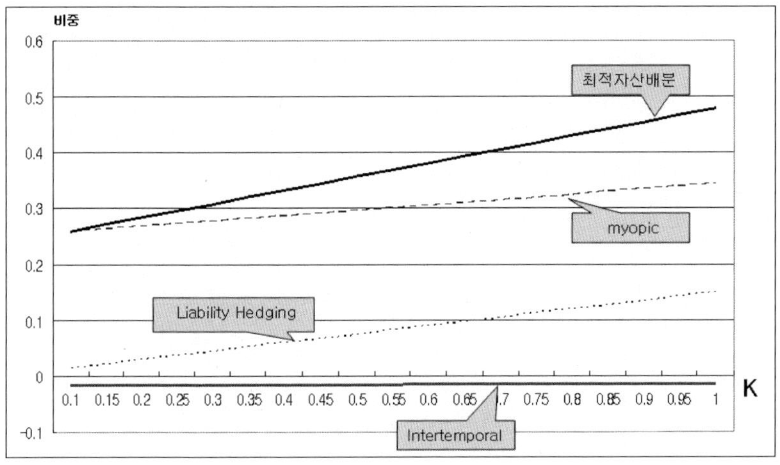

V. 결 론

V. 결 론

기금 운용에 대한 자산배분의 기본 원칙 고수익 - 고위험이라는 상호 trade-off체계하에서 가장 적정한 위험수준과 수익수준을 찾아 이를 달성하기 위한 자산별 비중을 결정하는 것이라 할 수 있다. 이때 문제가 되는 것은 과연 위험을 어떻게 정의하느냐에 대한 것이 된다. 위험이란 현시적으로 나타나는 자산가격의 변동뿐이 아니라 향후 나타날지도 모르는 가격변동에 대한 개념을 포함하기 때문이다. 이런 의미에서 채권이 가지는 잠재위험은 주식의 변동성과는 달리 신용위험 및 금리의 변동에 따른 시장위험 등을 함께 내포하고 있다. 그러므로 주식 - 채권 간의 자산배분에 있어서 비교대상이 되는 위험을 어떻게 결정하느냐는 매우 중요한 문제라고 할 수 있다.

그러나 위험을 인식하여 이를 자산배분에 반영하는 데 있어서 고려하여야 할 '위험'이라는 요소에 대해서 주식이 채권에 비해 고위험을 가진다는 개념에는 약간의 수정이 필요하다고 본다. 이는 채권이 현시적으로 변동성이 주식에 비해 낮다고는 하지만, 시장 및 신용위험을 동시에 고려할 경우 주식에 비해 '매우' 안전한 자산이라고 말하기 어렵기 때문이다. 본 연구에서는 연금기금의 운용자의 입장에서 리스크에 대한 여러 가지 고려를 반영하는 전략적 자산배분모형을 마련해 보고자 하였다.

이를 위해 우선 전통적인 리스크의 개념으로 자산의 변동성

외에 회사채를 포함한 신용위험과 이자율위험을 반영한 자산배분안을 제시하고자 하였다. 둘째로는 거시경제적 위험으로 인플레이션 위험을 반영한 경우 보유자산의 추이를 살펴보았으며 셋째로는 연금기금의 고유한 위험이라 할 수 있는 부채의 위험을 반영한 자산배분안을 구성하여 보았다.

본 모델에서는 무위험 채권, 부도가능 채권, 주식 간의 자산배분에 대한 몇 가지 시사점을 제공해 줄 수 있다고 생각한다. 첫째로 운용주체의 위험기피도가 증가될수록 부도가능 채권의 비중은 크게 감소된다는 점이다. 이는 채권에서 가지는 시장 및 신용위험은 투자자의 효용에 있어 크게 작용하는 것을 의미하는 것이라 하겠다. 둘째로 자산배분안을 통해 채권이 투자자의 위험기피성향에 비례하여 회사채의 비중이 주식 비중에 비해 더 크게 감소되고 있음을 발견하였다. 이는 채권의 신용위험에 대한 투자자의 선호가 주식에서 인지되는 위험에 비해 더욱 크게 나타날 수도 있음을 의미한다. 셋째로 시간의 경과에 따라서 무위험 채권의 보유 비중도 감소될 수 있음을 본 모델에서는 보여준다는 점이다. 이는 회사채에 대하여 Time horizon이 연장됨에 따라 보유 비중이 증가될 수 있음을 의미한다. 그러나 무엇보다도 채권이 주식에 비하여 결코 안전한 자산이라고 생각하기 어렵다는 점을 본 페이퍼에서는 강조할 수 있을 것이다. 즉 채권 역시 금리와 신용위험에 대해 충분히 노출되어 있는 자산으로서 이에 대한 위험관리가 필요함을 보이고자 하였다.

일반적으로 장기투자자의 경우 단기투자자에 비하여 주식의 보유 비중을 높게 가져가는 것으로 알려져 있다. 이 같은 점은 일반적인 평균-분산모델에서의 결과와는 다른 것이다. 그러나 회사채가 자산군에 포함될 경우 투자 기한에 따른 주식의 보유 비중은 오히려 감소되는 것으로 나타났다. 이는 세 가지 원인으로 요약되어 설명될 수 있다. 첫째는 회사채가 무위험 채권에 비하여 스프레드를 가지는 초과수익을 나타내는 위험자산으로서 주식의 보유 비중을 일정 부문 공유하기 때문이다. 즉 회사채는 하나의 투자수단으로서 투기적 동기를 가지는 자산군으로 인정된다는 의미이기도 하다. 둘째로는 주식-회사채-무위험 자산 간의 상관관계에 따른 주식 비중에 대한 변화가 있다는 점이다. 주식-국고채권-회사채 간의 상관관계가 모두 양일 경우 주식의 보유 비중은 시간에 따라 보다 크게 증가하는 모습을 보이며 상관관계의 일정수준에 따라 오히려 주식보유 비중은 감소되는 모습을 보이기도 하였다. 세 번째로는 인플레이션에 따른 주식 비중의 변화이다. 주식수익률이 인플레이션과 어떠한 관계를 가지느냐에 따라 비중의 변화에 대한 추세를 나타낸다. 즉 투자 기간에 대한 주식의 투자 비중의 문제는 기간과 주식보유 간의 문제가 아니라 각 자산별 상관관계와 거시변수와의 관계가 고려되어 투자 기간 간 비중이 정해지는 것이라 볼 수 있을 것이다.

다음으로는 공적연금으로써 고려해야 할 연금부채 부문을 고려하였을 경우의 자산비중의 변화에 대하여 살펴보았다. 특히 자산-부채 비율을 의미하는 Funding ratio를 중심으로 비중 변화에 대하여 살펴보았다. 특히 공적연금의 경우 대부분 사회보장적 성격으로 인하여 under-funding하는 연금제도를 가지고 있음으로 인하여 기금의 운용부문과 제도의 분담 부문을 일정 부문 나누어 자산배분을 검토하여 보았다. 이 경우 기금의 운용이 연금지급에 대한 책임 비중이 올라갈 경우 주식 부문에 대한 투자 비중이 점차 높아져 가는 모습을 나타내고 있음을 보았다. 이는 결국 급여 책임비율이 올라감에 따른 부채에 대한 헤지의 수요가 크게 증가되는 데에서 기인하는 것으로 나타난다.

이와 같은 모델을 기초로 하여 운용주체의 자산과 위험을 기준으로 한 효용함수를 가정하여 주요 국내 거시변수를 반영한 최적 자산배분모형을 제시하여 보았다.(〈부록 6〉 참조) 제시된 모델을 기초로 국민연금 및 주요 연기금의 위험기피 성향에 대해서 추정을 해보고 한편으로는 장기투자를 목적으로 하는 연금의 자산운용에 대한 위험기피도를 기준으로 하여 주요 연기금의 위험기피도 수준의 자산배분안을 제안하고자 한 것이다.

물론 이와 같은 자산배분을 설정하는 데에는 많은 한계가 있다. 우선 위험기피도라는 개념은 그 자체로 의미가 있는 수치라기보다는 상대적인 서수적 의미를 가지는 수치로서 적정한 운용자의 위험기피도를 책정하기가 어렵다는 것이다. 이에 따라 peer group과의 비교를 통한 위험 측정이나 혹은 적정 자산배분을 결정하는 참고자료로는 활용될 수 있을지 모르나 절대적 기준으로의 위험기피도를 결정하기는 매우 어렵다.

한편, 각 경제변수에 대한 신뢰성의 문제이다. 본 모델을 구성하기 위해서 많은 거시변수들을 가정하였다. 이 경우 각 거시변수에 대한 많은 추정치를 반영하여 자산배분안을 제시해야 하는데 이들 변수에 대한 신뢰성이 보증되지 않는 한, 자산배분 결과에 대한 신뢰에 다소간의 문제가 발생할 소지가 있다. 또한 모델 자체가 가지는 효용성의 문제도 존재한다. 사실 제한된 효용함수와 별개로 분리하여 추정된 이자율 과정하에서 유도된 최적 배분안이 유용한지에 대한 CCAPM 등의 테스트를 통하여 검증할 필요가 있다.

그럼에도 불구하고 본 모델에서는 무위험 채권, 부도가능 채권, 주식 간의 자산배분에 대한 몇 가지 시사점을 제공해 줄 수 있다고 생각한다. 첫째로 운용주체의 위험기피도가 증가될수록 부도가능 채권의 비중은 크게 감소된다는 점이다. 이는 채권에서 가지는 시장 및 신용위험은 투자자의 효용에 있어 크게 작용하는 것을 의미하는 것이라 하겠다. 둘째로 자산배분안을 통해 채권이 투자자의 위험기피성향에 비례하여 회사채의 비중이 주식 비중에 비해 더 크게 감소되고 있음을 발견하였다. 이는 채권의 신용위험에 대한 투자자의 선호가 주식에서 인지되는 위험에 비해 더욱 크게 나타날 수도 있음을 의미한다. 셋째로 시간의 경과에 따라서 무위험 채권의 보유 비중이 감소될 수 있음을 본 모델에서는 보여준다는 점이다. 이는 회사채에 대하여 투자만기가 길어질수록 보유 비중이 증가될 수 있음을 의미한다. 그러나 무엇보다도 채권이 주식에 비하여 결코 안전한 자산이라고 생각하기 어렵다는 점을 본 페이퍼에서는 강조할 수 있을 것이다. 즉 채권 역시 금리와 신용위험에 대해 충분히 노출되어 있는 자산으로서 이에 대한 위험관리가 필요함을 보이고자 하였다.

이와 더불어 자산배분의 기준으로 운용자 혹은 관계자의 효용이 하나의 기준으로 제시될 수 있다면, 이를 기준으로 거시경제 변수의 예측을 반영한 기금의 각 자산별 비중이 제시될 것으로 기대한다.

참고문헌

김대욱, 『장기투자자의 전략적 자산배분』, 한양대 박사학위논문, 2006.

김명직, 장국현, 『금융시계열분석』, 경문사, 2000.

__________, "이자율 기간구조 추정: 이론모형 접근방법", 재무연구, Vol.13 No.2, 2000, pp.79-102.

김명직, 신성환, "상태-공간모형을 이용한 다요인 채권 이론모형의 추정", 선물연구, 9-2, 2001. 11, pp.265-286.

김명직, 오규택, "한국채권시장과 신용위험," 경제분석 제7권, 한국은행 2001. p.57-91.

김석영, "금리 시나리오 생성모델 연구", 보험개발원 보험연구소 연구자료, 2005.

박성민, 신경혜, 박무환 외, 『국민연금 중기재정 전망(2006-2010)』, 국민연금연구원, 2005.

성주호, 김진억, "퇴직연금의 계리 및 재정", 보험개발원 보험연구소 연구자료, 1998.

이도성, "HJB 방정식과 최대원리", 서강경제논집, Vol.32 No.1, pp.1-34, 2003.

_____, "비미분 최적제어이론의 현황", 서강경제논집, Vol.30 No.2, pp.261-292, 2001.

정문경, 원종현, 『국민연금의 전략적 자산배분이 수익률에 미치는 영향』, 국민연금연구원 연구보고서, 2005-04, 2005.

조 담, 이창호, "위험의 시장가격의 시간 가변성에 관한 실증적 연구", 재무연구, 15, 1998, pp.25-49.

조문희, 김규형, 유병진, Shortfall 제약과 다기간 최적 자산배분, 선물연구, Vol.9 No.2, 2001, pp.1-33.

조하연, 이승국, "신용스프레드의 결정요인에 관한 실증연구", 한국경제의 분석 11권 1호 2005. 4, p.51-104.

Andrew Ang and Geert Bekaert, *How do regimes affect asset allocation?*, Online at http://www.gsb.columbia.edu/faculty/aang/papers/inquire.pdf, April 2002.

Akgun, Aydin "Defaultable Security Valuation and Model Risk", FAME Research Paper Series pp.28, International Center for Financial Asset Management and Engineering, 2001.

Bohn, "A Suvey of Contingent-Clams approaches to risky debt valuation", The Journal of Risk Finance, Spring, 2000.

Bakshi, Gurdip, Dilip Madan, Frank Zhang, "Investigating the Sources of Default Risk: Lessons from Empirically Evaluating Credit Risk Models", Working Paper, Univ. of Maryland and Federal Reserve Board, 2001.

______, "Understanding the role of recovery in default risk models: empirical comparisons and implied recovery rates", Finance and Economics Discussion Series 2001-37, Board of Governors of the Federal Reserve System (U.S.), 2001.

Barberis, Nicholas "Investing for the Long Run when Returns Are Predictable", Journal of Finance, American Finance Association, vol.55(1), 2000, pp.225-264.

Barndorff-Nielsen, O.E. and Neil Shephard, "Non-Gaussian Ornstein-Uhlenbeck based models and Some of their uses in Financial Economics", Journal of Returature of Statisti 2001, pp.167-241.

Barnhill, Theodore and Maxwell, William, "Modeling correlated market and credit risk in fixed income porfolios", Journal of Banking & Finance 26, 2002.

Barnhill, Theodore M Jr., Maxwell William F., "Modeling Correlated Market and Risk in Fixed Income Portfolios", Journal of Banking & Finance 26, 2002, pp.347-374.

Barone, E., Barone-Adesi, G., Castagna, A., "Pricing Bonds and Bond Options with Default Risk", European financial management: the Journal of the European Financial Management Association, v.4 no.2, 1998, pp.231-282.

Brennan, M., "Strategic Asset Allocation", Quantitative methods and computational finance, 1994, pp.13-80.

Brennan, M. J. & Schwartz, Eduardo S. & Lagnado, Ronald, 1997. "Strategic asset allocation", Journal of Economic Dynamics and Control, Elsevier, vol.21(8-9), pages 1377-1403.

Brennan, M. J. and Xia, Y., "Dynamic Asset Allocation under Inflation", The Journal of Finance, v.57 no.3, 2002, pp.1201-1238.

________, "Risk and Valuation Under an Intertemporal Capital Asset Pricing Model", Rodney L White Center For Financial Research -Working Papers-, 2003 no.9, 2003.

Breuer, T., M. Jandacka, G Krenn, "Towards an Integrated Measurement of Credit and Market Risk", Quantitative Finance 1, 237-245, http://www.bis.org/bcbs/events/rtf05breuer.pdf

Campbell, John Y., Viceira, Luis M., Strategic Asset Allocation: Portfolio Choice for Long-Term Investors, Oxford University Press, 2002.

__________, "The Term Structure of the Risk-Return Tradeoff", NBER Working Papers 11119, National Bureau of Economic Research, Inc., 2005.

Campbell, John Y., Chan, Y. L., and Viceira, Luis M., "A Multivariate Model of Strategic Asset Allocation" Working paper series: National Bureau of Economic Research, no.8566, 2001, pp.ALL-.

__________, "A multivariate model of strategic asset allocation" Journal of financial economics, v.67 no.1, 2003, pp.41-80.

__________, "Strategic asset allocation in a continuous-time VAR model" Journal of economic dynamics & control, v.28 no.11, 2004, pp.2195-2214.

Collin-Dufresne, Pierre, Robert Goldstein, Spencer Martin, "The Determinants of Credit Spread Changes", Journal of Finance, Vol.56, No.6, pp.2177-2207., December 2001.

Cochrane, John H., Asset Pricing, Prinston University Press, 2001.

__________, "Portfolio Advice for a Multifactor world", Economic Perspectives, Federal Reserve Bank, pp.59-78, 2004.

Cuoco, Domenico, 1997. "Optimal Consumption and Equilibrium Prices with Portfolio Constraints and Stochastic Income", Journal of Economic Theory, Elsevier, vol.72(1), pages

33-73, January.

Dahlquist, Magnus, 1996. "On alternative interest rate processes", Journal of Banking & Finance, Elsevier, vol.20(6), pages 1093-1119, July.

Detemple, J., and A. Serrat, "Dynamic Equilibrium with Liquidity Constraints", Reviewof Financial Studies, 16, 2003, pp.597.629.

Duffie, Darrell & Singleton, Kenneth J, 1999. "Modeling Term Structures of Defaultable Bonds", Review of Financial Studies, Oxford University Press for Society for Financial Studies, vol.12(4), pp.687-720.

Duffie, D., and L. Epstein, Stochastic Differential Utility, Econometrica, 60, 1992, pp.353.394.

Duffee, Gregory R. "The Relation Between Treasury Yields and Corporate Bond Yield Spreads", Journal of Finance, American Finance Association, vol.53(6), 1988, pp.2225- 2241, December.

Evans, M., "Real Risk, Inflation Risk, and the Term Structure", Working paper, Georgetown University, 2001.

Fleming, Wendell H., Raymond W. Rishel, Deterministic and Stochastic Optimal Control, Springer-Verlag, New York, 1975.

Fraser, S. P., and Jennings, W. W., King, D. R., "Strategic asset allocation for individual investors: the impact of the present value of Social Security benefits", Financial services review: the journal of individual financial management, v.9 no.4, 2001, pp.295-326.

Gebhardt, W., "Stock and bond market interaction: Does

momentum spillover", Working Paper, Cornell University, 1999.

Gennotte, Gerard, 1986. "Optimal Portfolio Choice under Incomplete Information", Journal of Finance, American Finance Association, vol.41(3), pages 733-46, July.

Grundke, Peter, "Importance Sampling for Integrated market and Credit Portfolio Models",
http://www.uni-koeln.de/wiso-fak/bankseminar/mitarb/abstr
acts_grundke/importance-sampling/IS_Grundke.pdf

____________, "Risk Measurement With Integrated Market and Credit Portfolio Models", Journal of Risk 7(3), 2005.

Hanson Floyd B and Westman J. J., "Non-linear state dynamics: computational methods and manufacturing application" International journal of control, v.73 no.6, 2000, pp.464-480.

____________, "Computational Method for Nonlinear Stochastic Optimal Control", Proceedings of the American Control Conference, v.4, 1999, pp.2798-2802.

____________, "Parallel Stochastic Dynamic Programming Applications: Spatial and State Finite Elements", Proceedings of 2003 American Control Conference, pp.1-6, 2003.

Hibiki, N., "Multi-period stochastic programming models using simulated paths for strategic asset allocation" Journal of the Operations Research Society of Japan, v.44 no.2, 2001, pp.193-.

Markowitz, Harry, "Portfolio Selection", Journal of Finance, 1952.

Hou, Yuanfeng and Xiangrong Jin, 2002. "Optimal Investment With Default Risk", FAME Research Paper Series pp.46b,

International Center for Financial Asset Management and Engineering.

Jarrow, Robert, David Lando, Fan Yu, "Default Risk and Diversification: Theory and Applications", Working Paper, Cornell University, University of Copenhagen, UC Irvine, 2001.

Jarrow, Robert, David Lando, Turnbell, "A Makov Model for the Term Structure of Credit Risk Spreads", Review of Financial Studies, 10. 2. 1997.

Ilkka Norros and Esko Valkeila, "An elementary approach to a Girsanov formula and other analytical results on fractional Brownian motions", Bernoulli: official journal of the Bernoulli Society for Mathematical Statistics and Probability, v.5 no.4, 1999, pp.571-588.

Jimbo H. C., Peng H., Ouentcheu A., and Suzuki T., "An Approach For modeling Consumption Problem and Asset Alloacation in Continuous Time", Technical Report No.2004-1, Advanced research Institute For Science and Engineering in Waseda University, 2004.

Join Palin and Cliff Speed, "Hedging pension Plan Funding ratio", Current Pension Actuarial Practice in Light of Financial Economics Symposium, Society of Actuaries, 2003.

Jun Liu & Francis Longstaff & Ravit Mandell, 2000. "The Market Price of Credit Risk: An Empirical Analysis of Interest Rate Swap Spreads", University of California at Los Angeles, Anderson Graduate School of Management 1076, Anderson Graduate School of Management, UCLA.

Karatzas, I., and S. Shreve, Brownian Motion and Stochastic

Calculus. Springer Verlag. New York, 1988.

Korn, Ralf, Holger Kraft, "A stochastic Control Approach to Portfolio Problems with Stochastic Interest Rates", SIAM Journal of Control and Optimization 40-4, 1250-1269, 2001.

Kim D. S., and Omberg E., "Dynamic Nonmyopic Portfolio behavior", The Review of financial studies, v.9 no.1, 1996, pp.141-161.

Merton, Robert C., "Lifetime Portfolio Selection under Uncertainty: The Continuous-Time case", The Review of Economics and Statistics, 51, 1969, pp.247-257.

_______________, "Optimum Consumption and Portfolio Rules in a Continuous-Time Model", Journal of Economics Theory 3, 1971, pp.373-413.

_______________, "An Analytical Derivation of the Efficient Portfolio Frontier." Journal of Financial and Quantitative Analysis 10, September 1972, pp.1851-1872.

Merton, Robert C., and P. A. Samuelson. "Fallacy of the Log-Normal Approximation to Optimal Portfolio Decision Making over Many Periods." Journal of Financial Economics 1, 1974, pp.67-94.

Mataramvura, Sure and Bernt Øksendal, "Risk minimizing portfolios and HJB Equations for stochastic differential games, 2006.

Munk, Claus, Carstern Sørensen, "Dynamic asset allocation under mean-reverting returns, stochastic interest rates and inflation uncertainty", International review of economics & finance, v.13 no.2, 2004, pp.141-166.

Pang Tao, "Stochastic Portfolio optimization with Log Utility", International Journal of Theoretical and Applied Finance, v.8 no.3, 2005, pp.301-320.

Protter, P. "Stochastic Intergration and Differential Equations", Berling: Springer Verlag, 1990.

Schlag Christian, "Strategic Asset Allocation: Portfolio Choice for Long-Term Investors", The Economic Journal 2003, pp.113-488.

Simon H. Yen and Yuan-Hung Hsu Ku, "Dynamic Asset Allocation Strategy for Intertemporal Pension Fund management with Time-Varying Volatility", Academic Economics papers, 31: 3, 2003, pp.229-261.

Skiadas, "Dynamic Portfolio Choice and Risk Aversion", Northwestern University-Kellogg School of Management Working Paper, 2005.

Sørensen, Carsten & Munk, Claus, 2001. "Optimal Consumption and Investment Strategies with Stochastic Interest Rates", Working Papers 2000-9, Copenhagen Business School, Department of Finance.

Steele, J. Michael, Stochastic Calculus and Financial Applications. Springer, N.Y. 2001.

Tufano, S., Das, P., "Pricing credit-sensitive debt when interest rates, credit ratings and credit spreads are stochastic", Journal of Finance Engineering 5, 1996.

Vincent Kok, "Pension Plans: Is the Bond Party Over?", State Street Global Advisors, Oct, 2003.

Wachter, J. A., "Portfolio and Consumption Decisions Under

Mean-Reverting Returns: An Exact Solution for Complete Markets", Journal of Financial and Quantitative Analysis 37, 2002, 63-91.

Walder, Roger, "Dynamic Allocation of Treasury and Corporate Bond Portfolios", Working Paper, University of Lausanne and FAME, Switzerland, 2001.

Yigitbasioglu, Ali Bora "Pricing Convertible Bonds with Interest Rate, Equity, Credit and FX Risk", ISMA Centre Discussion papers In Finance, 2001-14, University of Reading, 2001.

Yuval Tassa, Tom Erez, "Least Squires Solutions of HJB Equition with Neural-Network Value-Function Approximators", IEEE Transactions on Neural Networks, Vol.1 No.1, Nov, 1990.

〈부록 1〉 수식의 증명 1

본문에서 언급했다시피 F＝1이라 설정하면, 아래 식 (A)로부터 $p(t, T_1) = \widetilde{H}(t)v(t, T_1)$라 할 수 있다. 단, $\widetilde{H}(t) = 1 - H(t) = 1_{\{\tau > t\}}$라 정의한다.

$$p(t, T_1) = 1_{(\tau > t)} \times F \times E^Q\left[\int_t^{T_1} \exp\right.$$

$$\left[-\int_t^u (r(s) + \underbrace{h(s)\omega(s)}ds\right] |F_t]$$

$$= 1_{(\tau > t)} \times v(t, T_1) \times F \qquad \delta(s) \qquad (A.1)$$

$\widetilde{b}(t) = \exp\left(\int_0^t (r(s) + \delta(s))ds\right)$라 하고 $\phi(t) = E^Q(\exp$ $(-\int_0^{T_1} (r(s) + \delta(s))ds)|F_t)$이라 정의하자. 그리고 ϕ가 (F,Q)-martingale을 따른다고 하면, $\widetilde{b}$가 finite-definition(FV) process를 따르므로 $v(t, T_1) = \widetilde{b}(t)\phi(t)$라 할 수 있다.

$$dv(t, T_1) = d(\widetilde{b}(t)\phi(t))$$

$$\phi(t)d\widetilde{b}(t) + \widetilde{b}(t)d\phi(t)$$

그러므로
$$= (r(t) + \delta(t))v(t, T_1)dt + \widetilde{b}(t)d\phi(t) \qquad (A.2)$$

Ito's product rule에 $p(t, T_1)$을 적용시키면,

$$dp(t, T_1) = \widetilde{H}(t-)dv(tT_1) + v(t-, T_1)d\widetilde{H}(t)$$
$$+ \triangle v(t, T_1)\triangle \widetilde{H}(t)$$
$$= \widetilde{H}(t-)[(r(t) + \delta(t))v(t, T_1)dt + \tilde{b}(t)d\phi(t)]$$
$$+ v(t, T_1)d\widetilde{H}(t) \tag{A.3}$$

부도 이전의 가치 v가 부도가 발생할 경우 jump를 하지 않는다는 가정에서 모든 T_1기까지의 기간에 대해서 $v(t-, T_1) = v(t, T_1)$이 성립하게 됨으로써

$$dp(t, T_1) = (r(t) + \delta(t))p(t-, T_1)dt$$
$$+ \widetilde{H}(t-)\tilde{b}(t)d\phi(t) - v(t, T_1)dH(t) \tag{A.4}$$

여기서 $p(t-, T_1) = \widetilde{H}(t-)v(t-, T_1) = \widetilde{H}(t-)v(t, T_1)$이 성립한다.

한편, ϕ가 (F,Q)-martingale을 따른다고 하였기에 확률 Q에서의 시간추세 기울기는 0이 되어야 한다. 이에 따라 위에서 언급한 대로

$$\phi(t) = E^Q(\exp(-\int_0^{T_1}(r(s) + \delta(s))ds)|F_t)에서$$
$$\phi(t) = C_0(t)\phi_r(t)\phi_\delta(t)라 할 수 있다. \tag{A.5}$$

$$\text{단, } C_0 = \exp\left(-\int_0^t (r(s) + \delta(s))ds\right)$$

$$\phi_r(t) = E^Q\left(\exp\left(-\int_t^{T_1} r(s)ds\right)\Big|F_t\right)$$

$$\phi_\delta(t) = E^Q\left(\exp\left(-\int_t^{T_1} \delta(s)ds\right)\Big|F_t\right)$$

Q^{T_1}은 만기 T_1에서의 무위험 채권을 사용한 위험조정 선도 측정치를 의미한다. 선도 측정치 Q^{T_1}은 만기에 martingale에 따른 무위험 이자율로 할인되어 거래된 자산에 대한 모든 가격에서의 측정치를 의미한다.

Brownian Motion w_δ에 대한 추세의 변경을 유도하기 위하여 Girsanov theorem을 사용하면, $d\delta(t) = [x_\delta(\theta_\delta - \delta(t)) + \dfrac{\sigma_\delta \sigma_r}{x_r}(e^{x_r(T_1 - t)} - 1)\rho_{r\delta}]dt + \sigma_\delta dw_\delta^{Q^{T_1}}(t)$ 여기서 $w_\delta^{Q^{T_1}}(t)$은 w_δ로서 동일한 상관관계 구조하에서의 선도 측정치 Q^{T_1}하에서의 표준 Brownian Motion이다.

이러한 변환에 대해서 중요한 점은 Q^{T_1}하에서의 δ에 대한 모델이 여전히 Gaussian이라는 점이다. 이러한 상황에서는 $\int_t^{T_1} r(s)ds$와 같은 식들이 Filtration Q하에서 일반 정규분포를 따르기에 $\phi_r(t)$와 $\phi_\delta(t)$가 유도될 수 있다.

그러므로 $\phi_r(t) = E^Q(\exp(-\int_t^{T_1} r(s)ds)|F_t)$

$$= \exp\left[-E^Q(\int_t^{T_1} r(s)ds|F_t) + \frac{1}{2} Var^Q(\int_t^{T_1} r(s)ds|F_t)\right]$$

$$(A.6)$$

$$= C_r(t, T_1)\exp(\zeta_r(t, T_1)r(t))$$

단, $\zeta_{r(t, T_1)} = \dfrac{\exp(-x(T_1-t))-1}{x_r}$ 로 정의하며 $C_r(t, T_1)$ 는 결정계수가 된다.

그러므로 $\phi_\delta(t)$는 위험 중립 측정치 Q에서보다 선도 측정치 Q^{T_1}하에서 유도될 수 있다.

$$d\phi(t) = \phi(t)(\zeta_r(t, T_1)\sigma_r dw_r(t) + \zeta_\delta(t, T_1)\sigma_\delta dw_\delta(t))$$

이를 $p(t, T_1)$에 대한 미분방정식에 대입하면

$$dp(t, T_1) = (r(t) + \delta(t))p(t-, T_1)dt$$

$$+ \tilde{H}(t-)\tilde{b}(t)\phi(t)(\zeta_r(t, T_1)\sigma_r dw_r(t)$$

$$+ \zeta_\delta(t, T_1)\sigma_\delta dw_\delta(t)) \qquad (A.7)$$

$$- v(t, T_1)dH(t)$$

$$= p(t-, T_1)[(r(t) + \delta(t))dt$$

$$+ \zeta_r(t, T_1)\sigma_r dw_r(t) + \zeta_\delta(t, T_1)\sigma_\delta dw_\delta(t)]$$

$$- v(t, T_1)dH(t)$$

<부록 2> 수식의 증명 2

본문의 식 (19)에서 간접효용함수 J에 대한 $J_{WW} < 0$이라 가정

HJB equation의 first order 조건을 사용 자산의 최적점을 산출.

$$n^*_B = -\frac{J_W}{WJ_{WW}}\Psi^{\eta}_B - \frac{J_{Wr}}{WJ_{WW}}\frac{\sigma_r}{\sigma_B} + \frac{J_{W\eta}}{WJ_{WW}}\frac{\sigma_\eta}{\zeta_\delta\sigma_\delta} \quad (B.1)$$

$$n^*_S = -\frac{J_W}{WJ_{WW}}\Psi^{\eta}_S$$

$$n^*_P = -\frac{J_W}{WJ_{WW}}\Psi^{\eta}_P - \frac{J_{W\eta}}{WJ_{WW}}\frac{\sigma_\eta}{\zeta_\delta\sigma_\delta}$$

여기서

$$\Psi^{\eta}_B = \Psi_B + A_B\eta - \Psi^{\eta}_P$$

$$\Psi^{\eta}_S = \Psi_S + A_S\eta$$

$$\Psi^{\eta}_P = \Psi_P + A_P\eta$$

편미분 방정식에 따라

$$J_t J_{WW} + W_r J_W J_{WW} + \Gamma_1 J^2_W$$
$$+ [(\sigma_r\overline{\lambda_r} + x + r\theta_r) - x_r\theta_r]J_r J_{WW}$$
$$- \sigma_r\overline{\lambda_r}J_W J_{Wr} - \frac{\sigma^2_r}{2}J_{rr}J_{WW} - \frac{\sigma^2_r}{2}J^2_{Wr}$$

$$+[(x_{\delta}\theta_{\eta}+\sigma_{\eta}\overline{\lambda_{\delta}})-x_{\delta}\eta]J_{\eta}J_{WW}$$

$$0= \quad +(\frac{\eta}{\zeta_{\delta}\sigma_{\delta}}-\overline{\lambda_{\delta}})\sigma_{\eta}J_{WW}J_{W\eta}+\frac{\sigma_{\eta}^{2}}{2}J_{\eta\eta}J_{WW}$$

$$-\frac{\sigma_{\eta}^{2}}{2}J_{W\eta}^{2}+\sigma_{r}\sigma_{\eta}\rho_{r\delta}J_{\eta r}J_{WW} \tag{B.2}$$

여기서 위에서 잠시 언급하였듯이, 손실률 w가 일정하다고 가정한다면, η는 δ와 ω의 함수라는 사실은 η 역시 stochastic process이며 신용스프레드 δ와 동일한 SDE를 가짐을 뜻한다.

$\eta=(1-\omega)h$로 나타내어질 수 있으며, 이는 부도 시 회복률 (1-w)에 위험비율 (h)를 곱한 것이 됨. 결과적으로 η는 부도가 발생할 때까지의 부도가능 채권의 기대 회복률로 나타나는 것임. η의 정의에서부터 $\eta=(\frac{1-\omega}{\omega})\delta$라 할 수 있음.

식 (11)에서 η의 동적 형태는 간단하게 다음과 같이 나타남.

$$d\eta=[x_{\delta}(\frac{1-\omega}{\omega}\theta_{\delta}-\eta(t))+\frac{1-\omega}{\omega}\sigma_{\delta}\overline{\lambda_{\delta}}]dt$$

$$+\frac{1-\omega}{\omega}\sigma_{\delta}d\omega_{\delta}^{P}(t) \tag{B.3}$$

이를 이용하여

편미분 방정식

$J(W,r,\eta,t)=g(t)e^{f(t)r+k(t)\eta+\frac{1}{2}l(t)\eta^{2}}\times\dfrac{W^{1-\gamma}}{1-\gamma}$ 형식으로 나타낼 수 있음.

144

여기서 $\quad g(T)=1 \quad \wedge f(T)=k(T)=l(T)=0$, for $\forall (r, \eta)\in R_2$
라면

$$(\gamma\frac{g_t}{g} + C_0) + C_1\eta + C_2\eta^2 + C_3 r = 0 \text{으로 표기 가능} \qquad (B.4)$$

여기서

$$C_0 = \frac{\sigma_r^2}{2} f^2 + (\sigma_r \overline{\lambda_r} + \gamma x_r \theta_r)f$$
$$+ \gamma\sigma_r\sigma_\eta\rho_{r\delta}fk + (\sigma_\eta\overline{\lambda_\delta} + \gamma x_\delta\theta_\eta)k$$
$$+ \frac{\sigma_r^2}{2} k^2 + \frac{\gamma\sigma_\eta^2}{2} l - (1-\gamma)B_0$$
$$C_1 = \gamma k_r + \sigma_\eta^2 lk - [(1-\gamma)\frac{\sigma_\eta}{\zeta_\delta\sigma_\delta} + \gamma x_\delta]k$$
$$+ \gamma\sigma_r\sigma_\eta\rho_{r\delta}fl + (\gamma x_\delta\theta_\eta + \sigma_\eta\overline{\lambda_\delta})l - (1-\gamma)B_1$$
$$C_2 = \frac{\gamma}{2} l_t + \frac{\sigma_\eta^2}{2} l^2 - [(1-\gamma)\frac{\sigma_\eta}{\zeta_\delta\sigma_\delta} + \gamma x_\delta]l - (1-\gamma)B_2$$
$$C_3 = \gamma[f_t - x_r f + (1-\gamma)]$$

여기서 C_1, C_2, C_3 간의 상관관계가 모두 0이고 $\gamma g_t + C_0 g = 0$
이라면 C_3가 0이고 $f(T)=0$이라는 가정하에서

$$f(t) = \begin{cases} 0 & \text{if} \quad \gamma=1 \\ \frac{1-\gamma}{x_r}[1 - \exp(-x_r(T-t))] & \text{if} \quad \gamma=1 \end{cases} \qquad (B.5)$$

$C_2=0$ $\ell(T)=0$이라 하면

$$\ell(t) = \begin{cases} 0 & \text{if} \quad \gamma = 1 \\[2ex] \dfrac{\dfrac{-4(1-\gamma)B_2}{\gamma} \times \dfrac{e^{v(T-t)}-1}{\left[v+2\left(x_\delta+\dfrac{1-\gamma}{\gamma}\dfrac{\sigma_\eta}{\zeta_\delta\sigma_\delta}\right)\right](e^{v(T-t)}-1)+2v}}{} & \text{if} \quad \gamma \neq 1 \end{cases}$$

$$\tag{B.6}$$

f와 l에 대한 값을 구하고 난 후, k(T)=0, C1=0이라 하면 식은 다음과 같이 해를 구하게 된다.

$$dk(t) = -\frac{\sigma_\eta^2}{\gamma}l(t)k(t) + \left[\frac{(1-\gamma)\sigma_\eta}{\gamma}\zeta_\delta\sigma_\delta + x_\delta\right]k(t)$$

$$- \left[\sigma_r\sigma_\eta\rho_{r\delta}f + x\theta_\eta + \frac{\sigma_\eta\overline{\lambda_\delta}}{\gamma}\right]l(t) + \frac{(1-\gamma)B_1}{\gamma}$$

그러므로

$$k(t) = \begin{cases} 0 & \text{if}\ \gamma = 1 \\[1ex] \exp\left(-\int_t^T q(s)ds\right)\left[-\int_t^T m(s)\exp\left(\int_s^T q(u)du\right)ds\right] & \text{if}\ \gamma \neq 1 \end{cases}$$

$$\tag{B.7}$$

g(t) =

$$\begin{cases} 1 & \text{if} \quad \gamma = 1 \\[2ex] \begin{aligned} \exp\int_t^T \Big[&\frac{\sigma_\eta^2}{2\gamma}k(s)^2 + \left(x_\delta\theta_\eta + \frac{\sigma_\eta\overline{\lambda_\delta}}{\gamma}\right)k(s) \\ &+ \sigma_r\sigma_\eta\rho_{r\delta}f(s)k(s) + \frac{\sigma_r^2}{2\gamma}f(s)^2 + \left(x_r\theta_r + \frac{\sigma_r\overline{\lambda_\delta}}{\gamma}\right)f(s) \\ &+ \frac{\sigma_\eta^2}{2}l(s) - \frac{(1-\gamma)B_0}{\gamma}\Big]ds \end{aligned} & \text{if} \quad \gamma \neq 1 \end{cases}$$

$$\tag{B.8}$$

각 변수들에 대한 식을 (a)에 대입하여 정리하면

$$B^* = \frac{1}{\gamma}(\Psi_B + A_B\eta) - \frac{f}{\gamma}\frac{x_r}{1-e^{-x_{r(T_1-t)}}} - \pi^*_P \qquad \text{(B.9)}$$

$$P^* = \frac{1}{\gamma}(\Psi_P + A_P\eta) - \frac{1-\omega}{\omega}\frac{k+l\eta}{\gamma}\frac{x_\delta}{1-e^{-x_{\delta(T_1-t)}}}$$

$$S^* = \frac{1}{\gamma}(\Psi_S + A_S\eta)$$

로 정리된다.

<부록 3> 수식의 증명 3

간접효용함수 $J(W, r, x, \pi, \tau) = I(r, x, \pi, \tau)\dfrac{W^{1-\gamma}}{1-\gamma}$ 라고 가정한다.

이때 $\tau = T - t$이고, $I(r, x, \pi, , t) = \exp(q(r, x, \pi, \tau))$라고 할 경우

$q(t) = a(\tau) + b(\tau)r + c(t)\pi + d(\tau)x + \dfrac{1}{2}e(\tau)x^2$으로 간주할 수 있다. 이를 통하여 구해진 목적함수, 즉 간접효용함수는 다음과 같이 나타내게 된다.

$$J(W, r, \pi, x, \tau) =$$

$$\left(\begin{array}{c} \exp\left(a(\tau) + b(\tau)r + c(\tau)\pi + d(\tau)x + \dfrac{1}{2}e(\tau)x^2\right)\dfrac{W^{1-\gamma}}{1-\gamma}, \quad \gamma \neq 1 \\[2mm] \ln W \qquad\qquad\qquad , \gamma = 1 \end{array} \right)$$

$$(C.1)$$

(3.1)식, (3.2)식, (3.3)식, (3.5)식, (3.8)식을 적용하여 보면

$$\sup_{x=(x_S, x_B)' \in R^2} \{ \mu_W W J_W + \alpha(\overline{x} - x)J_x + \varkappa(\theta - r)J_r + \beta(\overline{\pi} - \pi)J_\pi$$
$$+ \dfrac{1}{2}\sigma_W^2 W^2 J_{WW} + \dfrac{1}{2}\sigma_x^2 J_{xx} + \dfrac{1}{2}\sigma_r^2 J_{rr} + \dfrac{1}{2}\sigma_\pi^2 J_{\pi\pi} + \sigma_{Wx} W J_{Wx}$$
$$+ \sigma_{Wr} W J_{Wr} + \sigma_{W\pi} W J_{W\pi} + \sigma_{xr} J_{xr} + \sigma_{x\pi} J_{x\pi} + \sigma_{r\pi} J_{r\pi} + J_t \} = 0$$

$$(C.2)$$

단, $\mu_W = r + \omega'\begin{pmatrix} x \\ \lambda_B \end{pmatrix} - \pi + \sigma^2_\Psi - \omega'\begin{pmatrix} \sigma_{S\Psi} \\ \sigma_{B\Psi} \end{pmatrix}$,

$$\sigma^2_W = \omega'\Sigma\omega + \sigma^2_\Psi - 2\omega'\begin{pmatrix} \sigma_{S\Psi} \\ \sigma_{B\Psi} \end{pmatrix}$$

$$\sigma_{Wx} = \omega'\begin{pmatrix} \sigma_{Sx} \\ \sigma_{Bx} \end{pmatrix} - \sigma_{x\Psi}, \quad \sigma_{Wr} = \omega'\begin{pmatrix} \sigma_{Sr} \\ \sigma_{Br} \end{pmatrix} - \sigma_{r\Psi},$$

$$\sigma_{W\pi} = \omega'\begin{pmatrix} \sigma_{S\pi} \\ \sigma_{B\pi} \end{pmatrix} - \sigma_{\pi\Psi} \quad \text{이다.}$$

이를 (C.1)에 대입하면

$$a(T-t)\text{는 } a(0) = 0, \quad b(T-t) = \frac{1}{x}(1 - e^{-x(T-t)}),$$

$$c(T-t) = 1 - \beta(1 - e^{-\beta(T-t)}),$$

$$e(T-t) = \frac{2e_0(1 - e^{-\eta\tau})}{2\eta - (e_1 + \eta)(1 - e^{-\eta\tau})}$$ 조건에서의 일반 미분방

정식의 주변 해로 귀결된다.

단, $e_0 = \frac{1}{\gamma}\left(\frac{\sigma^2_B}{\sigma^2_S\sigma^2_B - \sigma^2_{SB}} \right), \quad e_1 = 2\left((\frac{\gamma-1}{\gamma})\frac{\sigma_x}{\sigma_S} - \alpha \right),$

$$e_2 = (\frac{1-\gamma}{\gamma})\sigma^2_x, \quad \eta = \sqrt{e_1^2 - 4e_0 e_2}$$

$$d(\tau) = \frac{1}{2\eta - (e_1 + \eta)(1 - e^{-\eta\tau})} \times [(d_0 + \frac{d_1}{\beta})\frac{2(\eta - e_1)}{\eta}$$

$$+ (d_2 + \frac{d_3}{x} + \frac{d_4}{\beta})\frac{4e_0}{\eta})(1 - e^{-\frac{1}{2}\eta\tau})^2$$

$$+ 4(d_0 + \frac{d_1}{\beta})e^{-\frac{1}{2}\eta\tau}(1 - e^{-\frac{1}{2}\eta\tau})$$

$$+ \frac{d_3}{\varkappa}e^{-\frac{1}{2}\eta\tau}(2e_0 f(\varkappa + \frac{1}{2}\eta, \tau) - 2e_0 f(\varkappa - \frac{1}{2}\eta, \tau))$$

$$+ \frac{1}{\beta}e^{-\frac{1}{2}\eta\tau}((2e_0 d_4 - d_1(\eta + e_1))f(\beta + \frac{1}{2}\eta, \tau)$$

$$- (2e_{0d_4} + d_1(\eta - e - 1))f(\beta - \frac{1}{2}\eta, \tau))]$$

$$d_0 = -\frac{1}{\gamma}\left(\frac{\lambda_B\sigma_{SB}}{\sigma_S^2\sigma_B^2 - \sigma_{SB}^2}\right) + \left(\frac{1-\gamma}{\gamma}\right)\left(\frac{\sigma_{SB}\sigma_{B\Phi} - \sigma_B^2\sigma_{S\Phi}}{\sigma_S^2\sigma_B^2 - \sigma_{SB}^2}\right),$$

$$d_1 = \left(\frac{1-\gamma}{\gamma}\right)\left(\frac{\sigma_{SB}\sigma_{B\pi} - \sigma_B^2\sigma_{S\pi}}{\sigma_S^2\sigma_B^2 - \sigma_{SB}^2}\right)$$

$$d_2 = a\bar{x} + \left(\frac{1-\gamma}{\gamma}\right)\frac{\sigma_x}{\sigma_S}\sigma_{S\Phi}, \quad d_3 = a\bar{x} + \left(\frac{1-\gamma}{\gamma}\right)\frac{\sigma_x}{\sigma_S}\frac{\sigma_{SB}}{D},$$

$$d_4 = a\bar{x} + \left(\frac{1-\gamma}{\gamma}\right)\frac{\sigma_x}{\sigma_S}\sigma_{S\pi}, \quad f(k, \tau) = \frac{1}{\varkappa}(1 - e^{\varkappa\tau})$$

<부록 4> 수식의 증명 4

시점 간 대체탄력성 $\varphi=1$일 때 최적 자산배분안의 도출

$\varphi=1$일 경우 $J(S_t, X_t) = I(X_t)(\dfrac{S_t^{1-\gamma}}{1-\gamma})$임을 본문에서 보인 바 있음. 이에 따라 식 (4.22)는

$$
\begin{aligned}
0 = {}& (\log \rho - \frac{\gamma}{1-\gamma} \log(1-\gamma) - \frac{1}{1-\gamma} \log I - 1)\rho I \\
& + \frac{1}{2} \frac{I\mu^2_{P_t}}{\gamma} X_t + I_{tr} - x\frac{1}{F} \mu_L I_t + I_X \frac{1}{1-\gamma} \pi(m - X_t) \\
& + \frac{1}{2} \frac{(I_X)^2}{I} \frac{\sigma^2 \rho^2_{PX}}{\gamma} X_t + \frac{1}{2} x^2 \frac{1}{F^2} I\gamma\iota^2 \rho^2_{PL} X_t \\
& - \frac{1}{2} x^2 \frac{1}{F^2} I\gamma\iota^2 X_t + x\frac{1}{F} I\iota\mu_{P_t}\rho_{PL} X_t \\
& + x\frac{1}{F} \iota I_X \rho_{PX}\sigma\rho_{PL} X_t + \frac{1}{2} I_{XX} \frac{1}{1-\gamma} \sigma^2 X_t \\
& + \frac{1}{\gamma} I_X \rho_{PX}\sigma\mu_{P_t} X_t - I_X x\frac{1}{F} \iota\rho_{LX}\sigma X_t
\end{aligned}
\tag{D.1}
$$

여기서 $\iota = \dfrac{1}{1-x/F}$를 의미

또한 $I = \exp(Q_0 + Q_1 X_1)$이라 하면 위 식은 아래와 같이 나타낼 수 있다.

$$0 = (\log\rho - \frac{\gamma}{1-\gamma}\log(1-\gamma)\frac{-1}{1-\gamma}(Q_0 + Q_1 X_t) - 1)\rho$$

$$+ \frac{1}{2}\frac{\mu^2_{P_t}}{\gamma}X_t + r\iota - x\frac{1}{F} + Q_1\frac{1}{1-\gamma}\pi(m - X_t)$$

$$+ \frac{1}{2}\frac{\sigma^2\rho^2_{PX}}{\gamma}Q_1^2 X_t + \frac{1}{2}x^2\frac{1}{F^2}\iota^2\gamma\rho^2_{PL}X_t$$

$$- \frac{1}{2}Q_1^2\frac{1}{1-\gamma}\sigma^2 X_t + x\frac{1}{F}\iota\mu_{P_t}\rho_{PL}X_t$$

$$+ x\frac{1}{F}\iota Q_1\rho_{PX}\sigma\rho_{PL}X_t + \frac{1}{2}Q_1^2\frac{1}{1-\gamma}\sigma^2 X_t$$

$$+ \frac{1}{\gamma}Q_1\rho_{PX}\sigma\mu_{P_t}X_t - x\frac{1}{F}\iota Q \tag{D.2}$$

이를 Q_0과 Q_1에 대해서 다시 정리하면

$$(\frac{1}{1-\gamma}\pi m)Q_1 - (\frac{1}{1-\gamma}\rho)Q_0 + (\log\rho - \frac{\gamma}{1-\gamma}$$

$$\log(1-\gamma) - 1)\rho + r\iota - x\frac{1}{F}\iota\mu_L = 0 \tag{D.3}$$

$$(\frac{1}{2}\frac{\sigma^2\rho^2_{PX}}{\gamma} + \frac{1}{2}\frac{1}{1-\gamma}\sigma^2)Q_1^2 + (- \frac{1}{1-\gamma}\rho - \frac{1}{1-\gamma}\pi$$

$$+ x\frac{1}{F}\iota\rho_{PX}\sigma\rho_{PL} + \frac{1}{\gamma}\rho_{PX}\sigma\mu_{P_t} - x\frac{1}{F}\iota\rho_{LX}\sigma)Q_1$$

$$+ \frac{1}{2}\frac{\mu^2_{P_t}}{\gamma} + \frac{1}{2x^2}\frac{1}{F^2}\iota^2\gamma\rho^2_{PL} - \frac{1}{2}x^2\frac{1}{F^2}\iota^2\gamma$$

$$+ x\frac{1}{F}\iota\mu_{P_t}\rho_{PL} = 0 \tag{D.4}$$

그러므로 Q_1에 대한 근의 공식에 의해 해가 구해질 수 있다.

$$a = \frac{1}{2}\frac{\sigma^2 \rho^2_{PX}}{\gamma} + \frac{1}{2}\frac{1}{1-\gamma}\sigma^2$$

$$b = \rho - \frac{1}{1-\gamma}\pi + x\frac{1}{F}\iota\rho_{PX}\sigma\rho_{PL} + \frac{1}{\gamma}\rho_{PX}\sigma\mu_{P_t} - x\frac{1}{F}\iota\rho_{LX}\sigma$$

$$c = \frac{1}{2}\frac{\mu^2_{P_t}}{\gamma} + \frac{1}{2x^2}\frac{1}{F^2}\iota^2\gamma\rho^2_{PL} - \frac{1}{2}x^2\frac{1}{F^2}\iota^2\gamma + x\frac{1}{F}\iota\mu_{P_t}\rho_{PL}$$

라 하면

$$Q_1 = -b \pm \frac{\sqrt{b^2-4ac}}{2a} \tag{D.5}$$

(4.22)식에 대해서 시점 간 대체탄력성 $\varphi=1$ 주변에서 1차 확장을 하고 나면

$$
\begin{aligned}
0 = &-\frac{\rho^\varphi}{1-\varphi} - \frac{\rho^\varphi}{1-\gamma}\Big\{Q_0 + Q_1[-\log\pi + \log(\pi m - \sigma^2) \\
&+ 1 - \frac{\pi m - \sigma^2}{\pi X_t}] + Q_{2X_t}\Big\} + \frac{\varphi}{1-\varphi}\rho \\
&+ \frac{1}{2\rho}(\mu^2_0 X_t + \mu^2_1\frac{1}{X_t} + 2\mu_0\mu_1) + r\iota - k\frac{1}{F}\iota\mu_L \\
&+ \frac{1}{1-\gamma}\pi(m - X_t)(Q_1\frac{1}{X_t} + Q_2) \\
&+ \frac{1}{2}\frac{\sigma^2\rho^2_{PX}}{\gamma}(Q_1\frac{1}{X_t} + Q_2)^2 X_t \\
&+ \frac{1}{2}x^2\frac{1}{F^2}\iota^2\gamma\rho^2_{PL}X_t - \frac{1}{2}x^2\frac{1}{F^2}\iota^2\gamma X_t \\
&+ x\frac{1}{F}\iota\rho_{PL}(\mu_0 X_t + \mu_1) \tag{D.6}
\end{aligned}
$$

$$+ x\frac{1}{F}\iota\rho_{PX}\sigma\rho_{PL}(Q_1\frac{1}{X_t}+Q_2)X_t$$

$$+\frac{1}{2}\frac{1}{1-\gamma}\sigma^2[(Q_1\frac{1}{X_t}+Q_2)^2-Q_1\frac{1}{X_t^2}]X_t$$

$$+\frac{1}{\gamma}\rho_{PX}\sigma(\mu_0 X_t+\mu_1)(Q_1\frac{1}{X_t}+Q_2)$$

$$-x\frac{1}{F}\iota\rho_{LX}\sigma(Q_1\frac{1}{X_t}+Q_2)X_t$$

이를 Q_1, Q_2에 대해서 다시 정리하면

$$Q_2^2(\frac{1}{2}\frac{\sigma^2\rho_{PX}^2}{\gamma}+\frac{1}{2}\frac{1}{1-\gamma}\sigma^2)$$

$$+Q_2(-\frac{\rho^{\varphi}}{1-\gamma}-\frac{1}{1-\gamma}\pi+x\iota\rho_{PX}\sigma\rho_{PL}+\frac{1}{\gamma}\rho_{PX}\sigma\mu_0-x\frac{1}{F}\iota\rho_{PL}\sigma)$$

$$+\frac{1}{2\gamma}\mu_0^2+\frac{1}{2}x^2\frac{1}{F^2}\iota^2\gamma\rho_{PL}^2+x\frac{1}{F}\iota\mu_0\rho_{PL}-\frac{1}{2}x^2\frac{1}{F^2}\iota^2\gamma=0$$

$$\tag{D.7}$$

$$Q_1^2(\frac{1}{2}\frac{\sigma^2\rho_{PX}^2}{\gamma}+\frac{1}{2}\frac{1}{1-\gamma}\sigma^2)$$

$$+Q_1(-\frac{\rho^{\varphi}}{1-\gamma}\frac{\pi m-\sigma^2}{\pi}+\frac{\pi}{1-\gamma}m$$

$$-\frac{1}{2}\frac{1}{1-\gamma}\sigma^2+\frac{1}{\gamma}\rho_{PX}\sigma\mu_1)+\frac{1}{2\gamma}\mu_1^2=0 \tag{D.8}$$

$$Q_2\left(\frac{\pi}{1-\gamma}m+\frac{1}{\gamma}\rho_{PX}\sigma\mu_1\right)+Q_1\left(\frac{\rho^\varphi}{1-\gamma}\log\pi\right.$$

$$-\frac{\rho^\varphi}{1-\gamma}\log(\pi m-\sigma^{2)}+\frac{\rho^\varphi}{1-\gamma}-\frac{\pi}{1-\gamma}$$

$$+x\frac{1}{F}\iota\rho_{PX}\sigma\rho_{PL}+\frac{1}{\gamma}\rho_{PX}\sigma\mu_0-x\frac{1}{F}\iota\rho_{PX}\sigma\bigg)$$

$$-Q_0\left(\frac{\rho^\varphi}{1-\gamma}\right)+Q_1Q_2\left(\frac{1}{\gamma}\sigma^2\rho^2_{PX}+\frac{1}{1-\gamma}\sigma^2\right)$$

$$-\frac{\rho^\varphi}{1-\varphi}+\frac{\rho^\varphi}{1-\varphi}\rho+\frac{1}{\gamma}\mu_0\mu_1+r\iota-x\frac{1}{F}\iota\mu_L$$

$$+x\frac{1}{F}\iota\rho_{PL}\mu_1=0 \tag{D.9}$$

〈부록 5〉 기본 데이터

　본 연구에서 사용되는 자료는 이자율 변동에 대한 자료, 주식 변동에 대한 자료를 활용한다. 채권이자율 기간구조 측정을 위한 모수 추정은 증권업협회에서 공시하는 국공채 일일 기준수익률 2000년 10월 7일부터 2005년 12월 7일까지 중 3개월, 6개월, 9개월, 12개월, 18개월, 24개월, 30개월, 36개월의 만기를 가지는 1552개의 시계열 자료를 이용하였다. 기준수익률들은 모두 연율로 표시되어 있다. 한편, 주식변동성 추정을 이한 자료로서 KOSPI200지수의 시계열을 사용하였으며, 스프레드 관련 모수 추정을 위해서 각 기간별 국채수익률 대비 무보증 회사채 A-의 시계열 자료를 활용하였다. 한편 주식자료는 증권업협회 발표 KOSPI지수를 사용하였으며 2000년 10월 20일에서 2005년 12월 7일까지의 자료를 사용한다. 각 자료에 대한 기초 통계자료는 아래 표와 같다.

　또한 인플레이션 자료는 통계청에서 발표하는 월간 소비자 물가지수를 기본으로 하였다. 이를 위하여 인플레이션을 고려한 경우의 자산배분에 대한 분석은 월간 자료를 기본으로 활용하기로 한다.

〈표 E.1〉 모델 적용 주요 자료

자료명	구분	기간	주기	데이터 수	출처
주가지수	KOSPI200 지수	2000.10.7~2005.12.7	일간	1,280	한국증권전산
채권	국고채 수익률	2000.10.7~2005.12.7	일간	1,552×8	한국증권전산
	회사채 A-	2000.10.7~2005.12.7	일간	1,552×8	한국증권전산
물가지수	2000년 = 100	1988.01~2005.12	월간	204	통계청
연금자산	운용자산 보유액	(2070년까지 추계치)	연간	68	국민연금 연구원
연금부채	부채추정 거시변수 포함	(2070년까지 추계치)	연간	68	국민연금 연구원

〈표 E.2〉 일별 국채 기준 수익률의 기초 통계량
(2000. 10. 07 ~ 2005. 12. 06)

만기	Mean	Median	Std.Dev.	Skewness	Kurtosis	1차 자기상관계수
3	0.0434	0.0425	0.7817	0.9187	3.4864	0.996
6	0.0447	0.0438	0.7973	0.8016	3.3435	0.996
9	0.0460	0.0447	0.8136	0.7293	3.3032	0.996
12	0.0468	0.0455	0.8358	0.6756	3.1805	0.996
18	0.0485	0.0470	0.8982	0.5339	2.7495	0.996
24	0.0496	0.0478	0.9383	0.4773	2.5941	0.996
30	0.0499	0.0480	0.9633	0.4854	2.6395	0.995
36	0.0499	0.0480	0.9667	0.5246	2.7271	0.995

〈표 E.3〉 일별 스프레드(국채수익률 대비 회사채 A- 등급)의 기초
통계량(2000. 10. 07 ~ 2005. 12. 06)

만기	Mean	Median	Std.Dev.	Skewness	Kurtosis	1차 자기상관계수
3	0.0061	0.0057	0.2349	0.5867	2.2989	0.982
6	0.0066	0.0062	0.2733	0.6186	2.3530	0.988
9	0.0074	0.0068	0.3173	0.7963	2.8683	0.991
12	0.0082	0.0081	0.3391	0.6824	2.6916	0.992
18	0.0085	0.0079	0.3546	0.6153	2.5125	0.993
24	0.0091	0.0081	0.3696	0.5429	2.3774	0.994
30	0.0102	0.0092	0.3731	0.4518	2.3649	0.992
36	0.0116	0.0115	0.4074	0.3012	2.2091	0.994

[그림 E.1] 스프레드의 기간 구조(국채-회사채 A-)

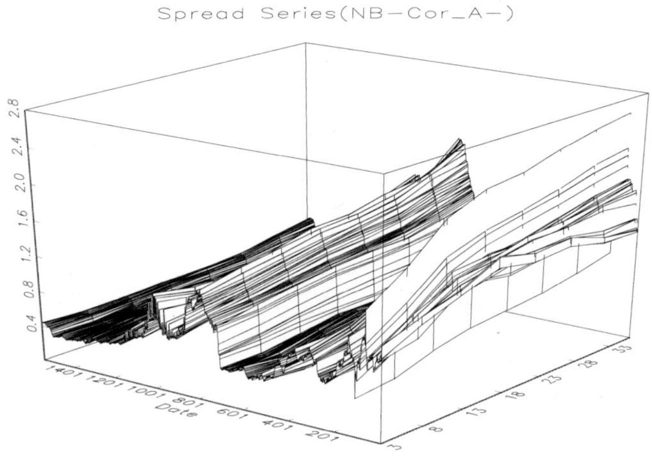

〈표 E.4〉 국채3년 수익률 및 주식수익률, 초과수익률 기초 통계량 (일간 기준)

	Mean	Median	Std. Dev.	Skewness	Kurtosis
국채수익률(일간)	0.000137	0.000132	2.75E-05	0.532437	2.797205
주식수익률(일간)	0.000623	0.001107	0.018533	-0.32869	5.948319
초과수익률(일간)	0.000486	0.000987	0.018534	-0.33067	5.947261

<부록 6> 모수의 추정[11]

주식의 초과수익률 파라미터

$$\frac{dS}{S} = (r_t + x_t)dt + \sigma_S dw_r, \quad dx_t = \alpha(\overline{x} - x_t)dt + \sigma_x dw_S$$

	Estimate	Standard Error
σ_S	0.3702	0.7988
α	0.2146	1.3809
$\overline{x}$	-0.0052	0.0370
σ_x	0.1102	0.3225
λ_S	0.0112	$-$

이자율 과정

$$dr_t = x_r(\theta_r + r_t)dt + \sigma_r dw_r$$

	Estimate	Standard Error
x_r	0.4605	0.1199
θ_r	0.0281	0.0001
σ_r	0.0195	0.0008
λ_r	0.2747	$-$

---

11) 모델의 추정에는 EViews 5.0, GAUSS7.0, Mathematica 5.0을 사용하였다.

스프레드 과정

$$d\delta_t = \varkappa_\delta(\theta_\delta + \delta_t)dt + \sigma_\delta dw_\delta$$

	Estimate	Standard Error
$\varkappa_\delta$	0.7248	0.1076
θ_δ	0.0047	0.00006
σ_δ	0.0056	0.0084

인플레이션 과정

$$d\pi_t = \varkappa_\pi(\theta_\pi + \pi_t)dt + \sigma_\pi dw_\pi, \quad \frac{d\Phi}{\Phi} = \pi_t dt + \sigma_\Phi dw_\pi$$

	Estimate	Standard Error
$\varkappa_\pi$	0.4900	0.2787
θ_π	0.0013	0.0020
σ_π	0.0214	0.0039
σ_Φ	0.0081	0.0008

상관관계

	Estimate
ρ_{rS}	-0.0296
$\rho_{r\delta}$	0.3747
$\rho_{\delta S}$	0.2082
$\rho_{S\Phi}$	-0.0678
$\rho_{S\pi}$	-0.2465
$\rho_{r\pi}$	0.7975
ρ_{Lx}	0.6541
ρ_{Px}	0.8775
ρ_{PL}	0.9120

주) 부채 부문 L은 당해 연도 연금지급 예상액을 대리변수로 사용

기타 (주요 가정치)

	가정값
δ_0(초기 스프레드)	0.02
w(부도 손실률)	0.75
F(Funding Ratio)	0.45
k(연금 제도에서 운용 분담률)	0.70

A. 변수별 모수 추정

선형기간구조모형(affine model)과 상태-공간모형(State-space model)에 의한 이자율 파라미터 추정[12]

상태변수벡터과정: $dr_t = x(\theta - r_t)dt + \sigma dw_t$

선형 기간 모형의 파라미터 함수:

$$\xi = \theta + \frac{\sigma\lambda_r}{\chi} - \frac{\sigma^2}{2\chi}$$

$$B(\aleph, \tau) = \frac{1}{\chi}[1 - e^{-x\tau}]$$

$$A(\aleph, \tau) = \exp\left[\xi(B(\aleph, \tau) - \tau) - \frac{\sigma^2 B^2(\aleph, \tau)}{4\chi}\right]$$

$$r_t|F \sim N\left(\theta + (r_t - \theta)e^{xh}, \frac{\sigma^2}{2\chi}(1 - e^{-2xh})\right)$$

이에 따라 연속단기 이자율의 이산화와 관련된 파라미터 함수

---

12) 김명직, 장국현(2002)의 Vasicek 모형 추정을 위한 GAUSS Program(Kf_vas1.gsi) 적용

$$a(\aleph,\tau)=\theta[1-e^{-\chi h}]$$

$$b(\aleph,\tau)=e^{-\chi h}$$

$$\varsigma(X_t;\aleph,h)=\frac{\sigma^2}{2\chi}(1-e^{-2\chi h}),$$

$$h=1/365 \quad (\text{일간자료 사용})$$

〈표 F.1〉 이자율과 스프레드의 장기 수렴 모수

	수렴속도	장기평균	변동성	위험가격
이자율	0.460501 (0.119937)	0.002495 (0.000123)	0.0195 (0.0008)	0.2747
스프레드1	0.389319 (0.107575)	0.000850 (0.0000587)	0.0131 (0.00843)	

( ) 안은 standard error

B. 변수 간 조건부 상관관계 추정

본 연구에서 필요로 하는 이자율 변동성, 스프레드 변동성, 가격 변동성에 대한 각각의 상관관계 추정치와 인플레이션율, 주가변동성, 물가수준, 부채추정치 간의 성관관계는 모두 Engle(2002)의 DCC-MGARCH(Dynamic Conditional Correlation Multivariate GARCH) 모형을 적용하였다.

기본적으로 조건부 상관관계모형은 다변량의 경우를 상정하여 유한 파라미터 벡터 θ에 의해서 표현되는 $N\times1$ 벡터 확률과정 $\{y_t\}$를 고려해 보면,

$$y_t = \mu_t(\theta) + \varepsilon_t,$$

여기서 $\mu_t(\theta)$는 조건부 평균 벡터이고,

$$\varepsilon_t = H_t^{1/2}(\theta) z_t,$$

여기서 $H_t^{1/2}(\theta)$는 $N \times N$ 양정부호행렬.

$N \times 1$ 확률 벡터 $\{z_t\}$는 표준화된 이노베이션(standardized innovation)으로 두 개의 모멘트를 가지는 i.i.d.(independent and identically distributed) 확률변수의 시계열이라고 가정한다.

$$E(z_t) = 0, \ \ Var(z_t) = I_N,$$

여기서 I_N은 N차 항등행렬

y_t의 조건부 분산

$$Var(y_t|F_{t-1}) = Var_{t-1}(y_t) = Var_{t-1}(\varepsilon_t)$$
$$= H_t^{1/2} Var_{t-1}(z_t)(H_t^{1/2})' = H_t .$$

조건부 상관관계는 주로 두 단계로 모형화 하게 된다.

1st step. DCC-MGARCH모형

$$r_t \equiv y_t - \mu_t = \varepsilon_t ,$$
$$\varepsilon_t \mid F_{t-1} \sim N(0, H_t), H_t \equiv D_t R_t D_t ,$$
$$z_t = D_t^{-1} \varepsilon_t = D_t^{-1} r_t \sim i.i.dN(0, I_N) .$$

r_1 는 $N \times 1$수익률 행렬이며, z_t는 표준화된 잔차로서 $N \times N$대각

행렬이다. D_t는 시간가변적인 조건부 표준편차로서 $N \times N$대각행렬을 이룬다.

$$D_t = \mathrm{diag}\left(h_{1t}^{1/2}, \cdots, h_{Nt}^{1/2}\right),$$

h_{it} 는 개별 변수의 조건부 분산이며, GARCH(1.1)으로 모형을 설정하였다.

$$h_{it} = c_i + \phi_{1i}\varepsilon^2_{it-1} + \Phi_{2i}h_{ij-1}$$

R_t: 시간가변적인 조건부 상관관계 행렬

$$R_t = (\mathrm{diag}\, Q_t)^{-1/2} Q_t (\mathrm{diag}\, Q_t)^{-1/2},$$

여기서, Q_t는 조건부 상관관계의 동학을 구하기 위해서 사용되어지는데, Engle(2002)은 Q_t에 대해서 다음과 같은 모형을 설정했다.

$$Q_t = \left(1 - \sum_{l=1}^{L} \alpha_l - \sum_{s=1}^{S} \beta_s\right)\overline{Q} + \sum_{l=1}^{L} \alpha_l z_{t-l} z'_{t-l} + \sum_{s=1}^{S} \beta_s Q_{t-s},$$

$\overline{Q}$는 z_t의 $N \times N$비조건부 분산공분산행렬이며, 이외 원소들은 추정의 편의상 표준화된 잔차 z_t의 표본 분산공분산 행렬로 계산한다.

$$\alpha_l \geq 0, \ \beta_s \geq 0, \ \sum_{l=1}^{L} \alpha_l + \sum_{s=1}^{S} \beta_s < 1.$$

$L = S = 1$, 즉 DCC(1.1)을 가정하며, 이럴 경우 행렬 Q_t는 평균회귀 (mean-reverting)과정을 따르며, 각각의 원소들은 다음과 같다.

$$q_{ijt} = (1 - \alpha - \beta)\overline{p}_{ij} + \alpha z_{ijt-1} z_{jt-1} + \beta q_{ijt-1}$$

$$= \overline{p_{ij}} + \alpha(z_{ij-1}z_{jt-1} - \overline{p_{ij}}) + \beta(q_{ijt-1} - \overline{p_{ij}}).$$

여기서, β는 평균회귀 속도를 나타낸다.[13] 따라서 각각의 상관관계는 다음과 같다.

$$\rho_{ijt} = \frac{q_{ijt}}{\sqrt{q_{iit}q_{jjt}}}$$

$$= \frac{(1-\alpha-\beta)\overline{q}_{ij} + \alpha z_{i,t-1}z_{j,t-1} + \beta q_{ij,t-1}}{\sqrt{((1-\alpha-\beta)\overline{q}_{ii} + \alpha z^2_{i,t-1} + \beta q_{ii,t-1})}}$$

$$\times \frac{1}{\sqrt{((1-\alpha-\beta)\overline{q}_{jj} + \alpha z^2_{j,t-1} + \beta q_{jj,t-1})}}$$

수익률의 조건부 분포가 정규분포를 따른다는 가정 하에서 로그우도함수는 다음과 같다.[14]

$$L = -\frac{1}{2}\sum_{t=1}^{T}\left(N\log(2\pi) + \log|H_t| + r_t' H_t^{-1}r_t\right)$$

$$= -\frac{1}{2}\sum_{t=1}^{T}\left(N\log(2\pi) + \log|D_tR_tD_t| + r_t' D_t^{-1}R_t^{-1}D_t^{-1}r_t\right)$$

$$= -\frac{1}{2}\sum_{t=1}^{T}\left(N\log(2\pi) + 2\log|D_t| + \log|R_t| + z_t' R_t^{-1}z_t\right)$$

$$= -\frac{1}{2}\sum_{t=1}^{T}\left(N\log(2\pi) + 2\log|D_t| \right.$$
$$\left. + r_t' D_t^{-1}D_t^{-1}r_t - z_t' z_t + \log|R_t| + z_t' R_t^{-1}z_t\right).$$

행렬 D_t가 대각행렬이기 때문에, 위의 로그우도함수는 변동성

---

13) 평균회귀 속도는 확률변수가 장기 평균수준에서 벗어났을 때에 장기 평균수준으로 얼마나 빨리 복귀하는가를 나타내는 파라미터이다.

14) Engle and Sheppard(2001)는 DCC-MGARCH 모형의 로그-우도 함수가 평균 및 변동성 부분과 상관관계 부분의 합으로 이루어진 다는 것을 보인 바 있다.

부분:

$$L_V(\theta_V) = -\frac{1}{2}\sum_t^T\left(N\log(2\pi) + \log|D_t|^2 + r_t' D_t^{-2} r_t\right)$$

$$= -\frac{TN}{2}\log(2\pi) - \frac{1}{2}\sum_t^T\sum_{i=1}^N\left(\log(h_{\mathrm{iit}}) + \frac{r_{\mathrm{it}}^2}{h_{\mathrm{iit}}}\right)$$

과 상관관계 부분:

$$L_C(\theta_V,\theta_C) = -\frac{1}{2}\sum_t^T\left(\log|R_t| + z_t' R_t^{-1} z_t - z_t' z_t\right)$$

으로 나누어진다. 로그우도함수의 상관관계 부분 중에서, $z_t' z_t$
은 상관관계 부분의 모수에 의존하지 않고 최적화의 1계 조건에
포함되지 않기 때문에 일반적으로 무시된다.

　이 단계 접근은 우선 로그우도함수의 변동성 부분 $L_V(\theta_V)$를
최적화함으로 변동성 관련 모수 θ_V를 추정한 다음 이 추정치를
로그우도함수의 상관관계 부분에 대입하여 $L_C(\theta_C|\theta_V)$를 최적화
함으로 상관관계 관련 모수 θ_C를 추정하게 된다.

$$\hat{\theta}_V = \arg max\{L_V(\theta_V)\},\ \ \hat{\theta}_V = \arg max\{L_C(\theta_C \mid \hat{\theta}_V)\}$$

　추정량들은 일정한 정칙조건(regularity condition)하에서 점근
적으로 정규분포를 따르게 된다. 본 연구에서는 이 방법을 따라
이 단계방법의 추정치를 초기값으로 이용하여 전역적 극대화 방
법을 사용하여 추정하였다.

〈표 F.2〉 이자율, 스프레드, 주가수익률 간의 조건부 상관관계

	이자율	스프레드	주가수익률
이자율	1.0000		
스프레드	0.3747	1.0000	
주가수익률	−0.0296	0.2082	1.0000

〈표 F.3〉 인플레이션, 주식 초과수익률, 물가수준 간 상관관계

	인플레이션율	주식초과수익률
인플레이션율	1.0000	
주식초과수익률	−0.08696	1.0000

〈부록 7〉 위험기피도의 결정과 국내 연금기금의 자산배분(안)

이제 본 식을 사용하여 연금운용기관들의 위험에 대한 기피도를 역으로 측정해보기로 한다. 여기에서는 각 연기금 운용기관이 나름대로의 위험에 대한 기피도를 가지고 있으며, 이것이 그들의 기금 운용에 대한 자산배분에 반영하고 있음을 가정한 것이다.

우선 국민연금이 현재 가지고 있는 위험기피도를 알기 위해서 지금까지 언급한 모델에 대한 파라미터들을 먼저 구하여야 할 필요가 있다. 이를 위하여 다음과 같은 자료를 사용하여 개별 파라미터의 값을 추정하여 보았다.

주요 연기금 및 국민연금의 자산배분 현황은 다음과 같다. 기타 파생상품이나 부동산 등의 투자는 투자의 위험기피도와 상관없이 정책적으로 결정되었다고 보아 본 자산배분에는 주식, 무위험 채권, 부도가능 채권으로 구성되었다고 가정한다.

아래 〈표 G.1〉은 〈부록 5〉에서 가정된 파라미터들을 본 페이퍼에서 제시된 모델에 적용시켜 본 것이다. 각 연기금 운용 기관들의 자산배분은 최적화를 달성하고 있다고 보았을 때 나타내는 각 연기금 운용기관들의 위험기피도를 나타낸 것이다. 미국의 거시경제 파라미터는 연구의 편의성을 위해 기존 연구에서 발표된 문헌들에서 수집한 자료를 사용하였다.

〈표 G.1〉 주요 연기금 운용기관의 자산비중

운용기관	자산배분 (%)			위험기피도
	무위험 채권	부도가능 채권	주식	
CalPERS	22.8	15.2	62.0	14.46
Ontario	19.70	6.06	74.24	10.94
Canada Pension Plan	2.04	12.86	85.10	-0.06
CalSTERS	3.85	23.82	72.33	-0.14
New York State Commmon	19.61	9.62	70.77	10.83
South Carolina Retirement System	28.91	34.55	36.54	21.03
국민연금	66.91	22.57	10.07	43.27

주) Canada의 거시경제 상황이 미국과 동일하다는 가정
자료출처: 각 연금기관 Annual Report, 2004년 기준. 미국 이자율 관련된 파라미터들은 Bakshi et al(2001), 신용스프레드와 관련된 파라미터들은 Collin-Dufresne(2001), 주식시장 관련 변수는 미 증권거래소 자료 인용, 주식, 회사채 간의 상관관계는 Kwan(1996), 손실률에 대한 자료는 Duffee(1999) 인용

위험기피도 γ의 값은 기수적인 의미보다는 서수적인 의미로서 다른 연금운용기관에 비교하여 어느 정도로 위험에 대한 회피성향을 가지고 있는지를 관찰하고자 하는 것이다. 이를 위해 비교 대상이 되는 몇몇의 해외 주요 연금의 자산배분 상황을 분석하여 동일한 효용함수를 기준으로 각국의 경제 상황을 반영한 자산배분을 가지고 역으로 위험기피도를 측정한다. 여기에는 각 연금운용기관에서는 이미 나름의 위험에 대한 선호를 가지고 있으며 이것이 그들의 자산배분으로 구현된 것이라는 것을 근거로 한 것이다.

위 표를 보면 무위험 채권에 대한 비중이 가장 높은 South Carolina Retirement System의 위험기피도가 가장 높은 반면, CPP의 경우 위험기피도가 음으로 표시되어 가장 낮은 수준을 보이고 있다. 여기서 한 가지 흥미로운 점은 위험에 대한 기피도를 결정하는 주요 요소가 주로 부도가능 채권에 의해 크게 영향 받는다는 사실이다. 표에서 나타나다시피, 각 연기금 운용기관의 주식보유 비중은 크게 차이가 나지 않는다. 그럼에도 위험기피도가 크게 차이가 난다는 점은 부도가능 채권에 대한 보유 비중에 의한 것이라 생각할 수 있을 것이다. 채권의 금리 및 신용리스크에 대한 위험을 자산배분에 감안할 경우 주식에서의 변동성 위험과 마찬가지의 강도를 가지는 위험으로 인식될 수도 있음을 간접적으로 나타내는 것이라 하겠다.

이 같은 가정하에서 국민연금기금의 운용기관 혹은 가입자, 관리기관이 기금의 현재 보유자산에 대한 위험기피도를 어느 수준으로 설정할 것인가를 정책적으로 결정하게 되면 이에 따른 각 자산별 비중을 결정할 수 있다.

예를 들어 현재 국민연금의 위험기피도를 외국 주요 연기금 수준의 위험기피도와 비슷한 수준으로 결정하게 된다면, 채권에 내재된 시장위험과 신용위험을 반영한 자산별 비중이 아래 〈표 G.2〉와 같이 배정될 수 있을 것이다.

<표 G.2> 연금의 자산배분(안) 제안(Ⅰ)

위험기피도	자산배분 (%)			비고
	무위험 채권	부도가능 채권	주식	
14.46	58.03	21.61	20.36	CalPERS
10.94	56.52	23.05	20.48	Ontario
21.03	58.56	20.48	20.50	South Carolina Retirement System

표에서 보다시피 국민연금이 한국의 거시경제 상황을 반영하여 주요 해외 연기금과 같은 위험기피도를 가지는 자산배분을 할 경우에 채권의 보유 비중이 약 70%~80% 정도의 보유 비중을 갖는 것으로 나타난다. 이는 기존의 국내 주식-채권 간 자산배분안에 비하여 다소 작은 비중으로 나타나지만, 공적연금으로서 기금의 안정성을 감안하여 위험기피도를 보다 높게 한다는 측면을 고려한다면 현재의 국민연금의 채권 보유 비중이 그리 크지 않음을 발견하게 된다.

예를 들어 위험에 대한 기피 정도를 해외 비교 대상 연기금에 비해 다소 증가시킨다고 가정한다면 아래 <표 G.3>와 같이 나타날 수 있다. 이 경우 위험기피도가 증가될수록 주식의 비중과 함께 부도가능 채권의 비중 역시 낮아지는 모습을 보인다.

<표 G.3> 연금의 자산배분(안) 제안(Ⅱ)

위험기피도	자산배분 (%)			비고
	무위험 채권	부도가능 채권	주식	
30	58.93	20.71	20.36	
40	63.52	19.05	17.48	
국민연금 실제보유 비중	67.02	22.61	10.37	단기자금 및 대체투자분 제외 비중

· 저자 ·

원종현　　· 약　력 ·

　한양대 경제금융학과 박사
　서강대 대학원 경제학과
　서강대 사학과
　現 국민연금연구원 부연구위원

· 주요논저 ·

「인플레이션 위험을 반영한 연금기금의 전략적 자산배분」
「연기금의 다기간 전략적 자산배분」
「한국채권시장에서 국채선물을 이용한 적정헤지비율 추정에 관한 연구」(공저)
「미국, 한국 채권시장간 헷지모형의 성과비교에 관한 연구」(공저)
「국채선물을 이용한 채권포트폴리오의 VECM과 VAR모형에 의한 헷지」(공저)
「성과평가 공시기준의 변화: 2002년 개정된 AIMR-PPS를 중심으로」
「일본판 401K(확정갹출형 기업연금제도)의 도입과 그 전망」
「Basel II의 도입에 대한 영향과 대응방향」
「국민연금기금의 동태적 ALM 구축의 타당성 연구」
「해외 연기금의 투자관리체계」
외 다수

연금기금의 전략적 자산배분

· 초판 인쇄	2007년 4월 10일
· 초판 발행	2007년 4월 10일
· 지 은 이	원종현
· 펴 낸 이	채종준
· 펴 낸 곳	한국학술정보㈜
	경기도 파주시 교하읍 문발리 526-2
	파주출판문화정보산업단지
	전화　031) 908-3181(대표) · 팩스　031) 908-3189
	홈페이지　http://www.kstudy.com
	e-mail(출판사업부)　publish@kstudy.com
· 등　　록	제일산-115호(2000. 6. 19)
· 가　　격	20,000원

ISBN　978-89-534-[illegible]-4-[illegible]　(Paper Book)
　　　　978-89-534-6580-0 98320　(e-Book)